別再因創傷而
活得好累

修復發展性創傷，
從「把自己擺在第一位」開始

発達性トラウマ「生きづらさ」の正体

公認心理師
三木 一太朗（みき いちたろう）——著
周若珍——譯

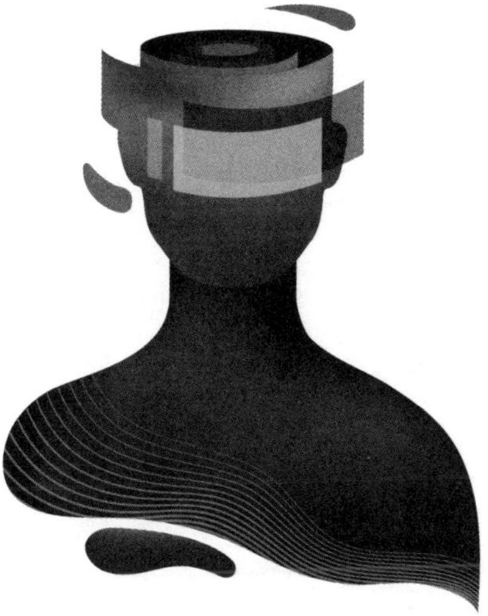

譯者序

文／周若珍

「人生好難」——當我們遇到棘手的難題時，有時會打趣地這麼說。然而，對一個抱有心理創傷的人來說，人生可能無時無刻都很艱難。

大家都知道，不幸遭遇天災、意外、戰爭、家暴、性侵等重大事件的人，有很高的機率會產生心理創傷。事實上，在日常生活中持續累積的微小壓力，諸如父母嚴苛又不合理的要求、主管三不五時的冷嘲熱諷，或是長期目睹親近的人吵架，也都可能是心理創傷的成因。

不僅是個人層面的生活事件，許多不合時宜的傳統價值觀，包括「天下無不是的父母」、「女大不中留」、「男兒有淚不輕彈」等，也會形成一種來自社會的無形壓迫。近年在某些社會新聞的討論中，我們甚至還會看見「受害者就該有受害者的樣子」這種荒唐的發言。

上述壓力並不會一拳將我們擊倒，因此在面對此類壓力時，多數人都會選擇忍耐，然而時間一久，這些壓力的影響就會化為各種身心方面的症狀，顯現出來。由於問題的根源並非某個具體的單一重大事件，因此有些當事人根本想不透自己的心理究竟為什麼「無緣無故」受到創傷，身邊的親友也可能會質疑他，認為他所承受的壓力「又沒什麼」，怎麼會造成心理創傷呢？

本書作者三木一太朗告訴我們：創傷不可能「無緣無故」出現，不論乍看之下多麼微小的壓力，一旦滿足脆弱性的條件，也都可能「有什麼」。

三木一太朗擁有日本「公認心理師」執照，他以醫學、腦科學等現代科學為佐證，透過客觀數據與實際案例，深入淺出地說明何謂「發展性創傷」，分析童年時期的心理創傷如何影響當事人的一生，探究近年倍受關注的精神虐待問題及創傷與發展障礙的關聯，並呼籲大家不可輕忽生活中持續累積的微小壓力。

此外，作者也盼望社會大眾理解「創傷就是壓力症候群」。

正確的認知能讓我們察覺自己需要協助，更重要的是，也能讓我們意識到自己或許已在無意間成為加害者，傷害了別人。尤其在與孩子相處的時候，更是必須謹慎，請記得孩子對自己身處的環境幾乎毫無掌控權，在成人眼中微不足道的事情，也可能對孩子造成終身難以平復的創傷。

值得慶幸的是，相較於一九八〇年代，現代社會終於對身心疾病具有一定程度的了解，愈來愈多人明白身心疾病就像感冒一樣，人人都有可能罹患。生病本來就不是什麼可恥的事，只要坦然面對，接受適當的治療與照護，果斷地將病灶「斷捨離」，就一定有機會康復；而走向復原的第一步，就是把自己擺在第一位。

前言

真子公主罹患的「複雜性PTSD」

二〇二一年十月一日，宮內廳[1]證實，眞子公主[2]因爲婚事被媒體過度報導，同時飽受輿論批評，而罹患了「複雜性PTSD」。我想，大部分的民眾可能已經忘記「複雜性PTSD」這個診斷，只隱約記得「反正就是被診斷爲身心狀況不佳」吧。

「PTSD（Post Traumatic Stress Disorder，創傷後壓力症候群）」是指人在遇到重大災難等單次性事件後產生的身心不適，而「複雜性PTSD（Complex PTSD）」則是指長期反覆暴露在強大壓力下所導致的身心不適。此概念最早由精神科醫師茱蒂絲・赫曼（Judith Lewis Herman）提出，經過幾番波

1 譯註：日本掌管皇室事務的機構。

2 譯註：日本皇室秋篠宮文仁親王的長女。

折，直到近年才終於制定正式的診斷標準。

我是專精心理創傷（Trauma）與依附障礙[3]（Attachment Disorder）的公認心理師[4]，當我看到上述宮內廳的聲明時，不禁感嘆這眞是一個劃時代的診斷。

某些專家似乎對該診斷有異議，若是依照一般標準，眞子公主或許會被診斷爲「適應障礙症（Adjustment Disorder）」或「憂鬱情緒」吧。畢竟在官方標準裡，當事人必須暴露在可能危及生命的壓力下，才能診斷爲複雜性ＰＴＳＤ。不過，下診斷的意義，在於提供病人最適切的治療，因此診斷爲「適應障礙症」與診斷爲「複雜性ＰＴＳＤ」，傳達出的訊息可謂天差地遠。

我在第2章也會提到，倘若當時眞子公主被診斷爲「適應障礙症」，狀況會有什麼不同呢？「適應障礙症」固然也是肇因於壓力的障礙，但社會大眾可能會基於這個診斷名稱字面上給人的印象，而把責任全部歸咎至眞子公主身上，以至於淡化了她所面臨的問題其實嚴重到足以對生命產生威脅。此外，這樣的診斷恐怕也無法達到導正媒體及輿論方向的功效。

更重要的是，每個人都可能像眞子公主一樣，遭到來自周遭人們的精神虐待或抨擊，陷入孤立無援的窘境；尤其年幼的孩子更是無法招架，因爲家庭和學校就等於是他們的全世界。我想，對於平常就覺得「活得好累」的人來說，眞子公主的診斷實在意義非凡。

「發展性創傷」也是導致複雜性PTSD的原因

我認爲上述診斷具有劃時代意義的另一個原因，就是因爲複雜性PTSD與本書的主題「發展性創傷」有著密切的關係。

各位看到本書的書名「發展性創傷」時，第一個反應是什麼呢？

「發展性？我只聽過發展障礙耶！」、「爲什麼要加上『創傷』兩個字呢？」——答案或許因人而異，但這個名詞想必多少勾起了各位的興趣。

「發展性創傷（Developmental Trauma）」是指一個人在童年時期受的心理創傷，也是導致複雜性PTSD的原因之一。

有大量案例顯示，童年時期在家庭或學校遭受的慢性（反覆性）壓力，會導

3 譯註：亦稱依戀障礙。
4 譯註：日本的國家資格。

致當事人罹患複雜性PTSD（當然，如同眞子公主的案例，在成年後遇到的壓力，同樣可能導致複雜性PTSD）。

因此，近年來人們愈來愈重視發展性創傷，認爲它或許能說明我們爲什麼總是覺得「活得好累」。在這個時代裡，我們已經可以公開做出複雜性PTSD的診斷，相信這樣的進步，未來能讓更多人認識複雜性PTSD的重要成因——發展性創傷。

創傷研究領域的第一把交椅貝塞爾・范德寇（Besse lvander Kolk）在其著作《心靈的傷，身體會記住》（The Body Keeps the Score，大家出版）中提到：「**我們即將步入充滿創傷意識的社會**」。

我認爲，這句話並非意味創傷的概念未來會一味地被擴大解釋或濫用，而是提醒我們，在這個時代裡，既然我們已經透過各種研究對創傷有更多的了解，那麼我們就必須重新省思：想要活得像一個「人」，必須具備哪些條件？哪些因素會破壞這些條件？

「活得好累」的感覺，或許正是來自發展性創傷

在過去，創傷相關研究始終像是一個禁忌，也絲毫不受重視，因此其發展絕對稱不上順遂，無論是複雜性PTSD或發展性創傷，都花了很長一段時間，才逐漸爲世人所理解。直到近年，創傷研究急速發展，心理創傷也漸漸成爲人們在日常生活中可以碰觸的話題。

在創傷相關研究緩步前進的這段期間，社會上出現了「成年兒童（Adult Children）」、「人格障礙（Personality Disorder）」、「發展障礙（Developmental Disorder）」、「非典型憂鬱症（Atypical Depression）」、「高度敏感者（Highly Sensitive Person，HSP）」等概念，代替心理創傷來詮釋「活得好累」的感受。只不過，上述概念往往讓人覺得「似乎是那麼一回事沒錯，但並沒有完全解釋清楚」、「有個具體名稱確實令人比較安心，但這些概念不一定能提供每個當事人所需的解方」。我們甚至可以說，正是因爲如此，社會上才會接連出現各種概念，並逐一被消費。

以結論而言，站在「發展性創傷」或「心理創傷」的角度來思考「活得好

累」的原因，可以幫助我們理解更多，同時提供當事人更適切的治療。過去一提到心理創傷，大多數人的印象都是「因爲經歷戰爭、災難、強暴等特定狀況而產生的症狀（PTSD）」，然而上述狀況並非創傷的全貌。

京都大學人文科學研究所的立木康介教授在其論文（〈心理創傷與精神分析〉《心理創傷研究1　與創傷共存》（暫譯）（京都大學學術出版會））中指出：「目前似乎僅有某些類型的『創傷』在診斷學或治療上享有特殊地位」、「某些類型的『創傷』總是因爲部分言論獨尊PTSD而被遺忘或隱藏，因此讓這些『創傷』獲得更多重視，才是首要之務」。他具體描述，所謂應該更受重視的創傷，包括「簡直可用『家常便飯』來形容的創傷」，以及「在家人之間長期被視爲禁忌，間接對當事人產生持續性影響的創傷」等。

在本書中，我將以近年的新知，以及我在醫療現場的經驗與體驗爲基礎，試著用創傷（發展性創傷）的觀點，來探討或許各位也曾感受過的「活得好累」。

目錄

第3章 創傷導致的「自我喪失」及其他症狀

第4章 認識創傷

——壓力症候群、精神虐待所導致的創傷

第5章 克服創傷

第1章
「活得好累」的感覺從何而來？

各位對「心理創傷」的印象是什麼呢？

離自己很遙遠的事情？只有某些經歷過特殊事件的人才會出現的症狀？或是聽過這個名詞，但不太清楚它到底是怎麼一回事？每個人對創傷抱持的印象也許不盡相同，但我相信各位應該都隱約有種「事不關己」的感覺。

創傷並不是發生在另一個世界的事情。我們在日常生活中遇到的種種不順心、煩惱，以及「活得好累」的感覺，其實都是創傷的症狀。換言之，創傷就在你我身邊。

接下來，我將在這一章裡介紹幾個生活中常見的案例，這些案例的煩惱很可能皆源自於創傷。

案例1：容易緊張

四十多歲的剛先生在公司裡擔任業務課長，他的煩惱是很容易緊張。例如在公司的晨會上發言時，他總是汗流浹背、手心冒汗，腦中一片空白，根本不知道自己在講什麼。相對地，同事和上司卻總能神態自若、語帶幽默地在晨會上報告。

剛先生也曾努力效法他們，卻成效不彰。當然，只要事前充分做好準備，他也能侃侃而談，只是他始終對自己無法即興演說一事感到自卑。尤其是當上主管之後，這件事更是令他介懷。

在公司的經營方針定期發表會上，剛先生也必須上臺報告，雖然每次表現得還算差強人意，但他總是爲此精疲力竭。

最近剛先生去按摩舒緩疲勞時，按摩師傅說：「剛先生，你知道什麼是『自然體』[5]嗎？」、「你的身體一直在用力耶！」他才發現原來自己一直以來都不懂得怎麼放鬆。

由於喝酒能讓心情變得輕鬆，因此剛先生每晚都會小酌一番，他本來以爲那就是所謂的「自然體」，然而事實上，他根本不知道該如何在沒喝酒的狀態下自然放鬆。他也發現，喝了酒之後的放鬆，似乎並不是眞正的「自然體」。

5　譯註：柔道中指自然輕鬆的站姿。

案例2：過度在意別人的心情

伊織小姐一踏進諮商室，劈頭便道：「不好意思。」接著又不停鞠躬，連說了好幾次「不好意思」。

伊織小姐的煩惱是莫名抱有強烈的罪惡感，並過度顧慮他人。由於太過在乎別人的心情，導致她無端覺得「都是自己不好」；由於老是擔心別人會不會生氣，又經常感到歉疚，因此往往一開口就是道歉。

伊織小姐的興趣是打網球，每當她在球場上發生失誤，她就會立刻道歉，「不好意思、對不起」儼然成爲她的口頭禪。據說有次她明明沒有失誤，卻仍脫口而出「不好意思」，還因此被教練笑。

直到某次朋友對她說：「這種小事沒必要道歉吧？」她才開始覺得不對勁。她也想表現得更有自信，卻總是不由自主地謙卑。她不懂得該如何「愛自己」。

此外，伊織小姐也經常被個性比較強勢的人利用。

伊織小姐表示，她小時候母親體弱多病，當時她認爲都是因爲自己不乖，才害媽媽生病的。直到今天，她仍因爲當時年幼的自己什麼忙都幫不上，而感到愧疚。伊織小姐的父親經常出差，很少在家，而她的弟弟有氣喘的毛病，因此她從小就會照顧弟弟，也會代替母親打理家務。對伊織小姐而言，把自己的事情擺在一旁，優先替身邊的人著想，可說是天經地義。

案例 3：無法敞開心胸、融入社交圈

笑容甜美的晴子小姐今年四十多歲，是一名約聘人員。

她的煩惱是無法敞開心胸，難以融入社交圈。晴子小姐表示：「我朋友很少，幾乎沒有『真正的朋友』」、「我只要一開口，就會破壞氣氛」。

在職場上，每個人扮演的角色都很明確，因此她不覺得有什麼問題，但是私下與朋友的相處，卻令她十分苦惱。有時她也會受邀參加大學同學或同好團體的聚會，但她很不習慣熟人之間那種熱絡的氣氛，很難融入大家。在和朋友聚餐喝酒時，她也經常感到不自在、放不開。

在熱熱鬧鬧的聚會中，往往只有晴子小姐一個人莫名興致索然。她很怕生，如果只有她和朋友兩人一同搭電車，她就會非常緊張，甚至感到不耐煩。她打從心底害怕與人相處，但一直很努力克服。

晴子小姐讀了許多教人如何溝通、表達的書，試著對人敞開心胸，融入社交圈，卻成效不彰。她也參加過多場號稱可以學到心理學知識的講座與研習營，起初情況似乎稍有好轉，但問題終究還是無法解決。到頭來，她發現自己是用「理性」在與人溝通，從來不曾自然地敞開心胸。爲了掩飾自己不擅溝通的問題，晴子小姐總是強顏歡笑，然而內心卻充滿了孤獨與寂寞。

案例4：經驗難以累積，經常粗心犯錯

擔任公務員的辰哉先生，論年資屬於中階人員。儘管擁有豐富的資歷，他卻覺得自己的職能沒有提升，因而感到困擾。

明明已投入職場多年，他卻覺得自己彷彿剛出社會的新鮮人，處理公務都只是隨便應付過去而已。年紀比他小的同事，個個看起來都比他沉著穩重許多，工作能力也比他強；跟老同學聚餐時，看見大家都紮實地累積了許多經驗，讓他有點心慌，擔心自己跟不上大家。

辰哉先生天生容易緊張，只要是需要與人互動的場合，他便無法發揮實力。他常常因爲粗心而犯錯，主管也提醒過他，卻始終不見改善。他甚至沮喪到懷疑自己可能罹患ADHD[6]。

辰哉先生很在意旁人的眼光，總是擔心自己對公務的處理不夠妥善，有時就連假日也會忍不住一直想，無法放鬆。看見在工作上游刃有餘的年輕同事，他不禁心生羨慕。

案例 5：對人感到不耐

奈美小姐是一位三十多歲的家庭主婦，她來諮商的原因，是她很容易對人感到煩躁。

只要有人不順從她認爲合理的安排、不認眞聽她說話，或是表達得不夠明確，她就會感到不耐。奈美小姐經常忍不住對（她認爲）駑鈍的朋友說教，指導對方做人的道理。這次她決定來諮商，其實是因爲連她本人都覺得自己暴躁得太誇張了。

分析奈美小姐在諮商時的談話內容，可以發現她極爲不安。她認爲這個世界無法讓人安心，又不安全，因此她總是謹愼行事，設法安然度過各種危機。然

6　編註：Attention Deficit Hyperactivity Disorder，注意力不足過動症。

而，其他人卻似乎對這個危險的世界一無所知，又老是溫溫吞吞，不懂得察言觀色，所以她才感到生氣。

奈美小姐的父親是個脾氣陰晴不定的人，經常突然暴怒。她表示，小時候有一次只是在玩，父親卻莫名其妙朝她的頭用力打了一下，當下她只覺得「我怎麼這麼不小心，真笨」，從此凡事都格外謹慎。

奈美小姐的父親從商，十分講究效率，據說他經常斥責母親的規劃不夠完美，兩人總是為此吵架。例如偶爾全家開車出遊時，要是遇到塞車，父親就會怪罪母親：「都是妳沒有規劃好！」接著兩人便吵得不可開交。過年全家吃飯時，假如太晚到餐桌集合，父親也會不高興。直到現在，奈美小姐對過年、中元節等全家團聚的節日都沒有好印象。

案例6：莫名缺乏自信，對未來感到不安

瑛先生畢業於眾所皆知的名校，目前在頂尖的金融機關工作，受到上司的器重，但他卻對自己沒有信心，甚至認為自己的實力都是虛假的。

他有一股強烈的「污名感（Stigma，罪惡感、自卑感）」，覺得自己是異常

的、污穢的，而且很擔心被人發現。

諮商師得知瑛先生因爲沒自信而煩惱時，也不禁納悶：「你畢業於名校，現在又在一流的企業工作，怎麼會對自己沒自信？」

瑛先生則謙虛地答道：「不，我跟我身邊的資優生不一樣，我是靠死讀書考上大學的，現在的工作也是因爲學歷漂亮才找到的。我必須花很大的力氣，才有辦法在大家面前抬頭挺胸。」他表示腦中彷彿一直有個聲音存在，一旦工作進行得不順利，那個聲音就會嚴厲地斥責他。

此外，他也莫名對未來感到不安，沒來由地擔心自己一輩子一事無成、永遠是個無名小卒。

瑛先生說，讀一些商管或自我啓發的書，確實能讓他暫時獲得安慰，可是每隔一陣子，那股不安就會再度湧上心頭。假日若沒有安排什麼進修課程，他就會感到焦慮。

他的理智很清楚，無論上再多商管課程或英語會話課程，都毫無意義，可是假如什麼都不做，他又會非常不安。另一方面，瑛先生從小就習慣用功讀書，但努力久了，他也會感到精疲力竭，覺得自己再也無法繼續努力下去。瑛先生最近得知自己即將被調去別的部門，他很憂心自己是否跟得上該部門忙碌的步調。

案例7：依賴症

健洋先生因爲有購物依賴和酒精依賴的傾向，而前來諮商。他表示自己的收入雖然不錯，卻因爲玩車、外食、賭博等嗜好，負債約兩百萬日圓。他在職場上力求完美，每件事都一定會認眞做到自己滿意，對後進很嚴格，看到同事或上司不努力，就會相當氣憤。

健洋先生回憶，小時候假如認眞念書，便能得到母親的誇獎，然而一旦考試成績不理想，就會被罵。就算考了九十五分，母親也會責怪他：「怎麼沒考一百分？」他覺得母親從來不曾認眞傾聽他的想法。

健洋先生的父母感情不睦，經常吵架，兩人在健洋先生五歲的時候離婚，後來由母親一手將健洋先生兄妹倆扶養長大。

健洋先生的母親爲了養育一雙兒女而犧牲奉獻自我，或許是因爲這樣，她也嚴格要求孩子必須學習獨立，就算健洋先生向母親訴苦，母親也完全無法發揮同理心。他認爲自己今天的狀況，或許正是受到此事的影響。

健洋先生自我剖析道：「大概是因為我長期只能靠收入和地位來獲得認可，所以才導致我試圖用金錢、物質和酒精，來填補內心的缺憾吧。」

案例 8：恐慌症

五十多歲的家庭主婦梨繪小姐深受恐慌症所苦。她經常沒來由地感到不安，而那股不安又與過去不愉快的回憶連結，使她痛苦萬分。

梨繪小姐的恐慌通常是在壓力較大時發作，但即使是在心情平靜的狀況下，只要想起過去的負面經驗，也可能會發作；她已多次因為恐慌症發作而被送醫急救。她的血壓、心跳、血糖數值經常過高，但去醫院做檢查，也查不出原因。

梨繪小姐的母親喜怒無常，控制欲又很強，她對梨繪小姐說的每句話都充滿了否定。梨繪小姐表示，她一直努力證明自己，試圖推翻母親對她的否定，但後來家人因為遺產問題產生糾紛，導致她罹患了恐慌症。

沒來由地感到「活得好累」

以上是較爲貼近一般日常生活的案例，事實上因創傷而起的症狀還有很多，各種症狀的詳細解說請見第3章。

上述皆爲眞實案例，不過爲了避免當事人身分曝光，我適度調整了內容。各位看完之後，有什麼感想呢？有些人可能察覺到自己也有相同的狀況，有些人可能覺得自己的煩惱更嚴重，另外有些人說不定會感到訝異：「咦？原來生活中這麼常見的煩惱，也是因創傷而起的嗎？」

儘管每個案例的狀況不同，起因皆可能是發展性創傷。上述案例的共通點，就是當事人在身心發展的過程中，在家庭或學校遭受了持續性、慢性的壓力。

有的人是父母感情不睦，有的人是父母控制欲過強，有的人是缺乏父母的關愛，有的人是被牽扯進家人或親戚之間的糾紛，例如手足之間的爭執或婆媳問題等，有的人則是遭到霸凌或精神虐待。

另一個共通點，則是他們都毫無來由地覺得「活得好累」。就算想尋求專家的協助，也不知道該找誰；更重要的是，他們甚至無法將自己的苦惱化爲言語表達出來，也沒有資料能貼切地解釋那種「活得好累」的感受。諮商顯然無法讓情況好轉，但即使就醫，也無法獲得有效的治療，導致他們走投無路。有些個案懷疑自己可能是發展障礙，而去接受檢查，最後也眞的被診斷爲發展障礙（在第 2 章也會提到，受創者呈現的症狀，與發展障礙極爲類似）。

讀了介紹創傷的書籍，卻覺得彷彿事不關己

我過去也曾因爲創傷而覺得「活得好累」。我會過度緊張，也有過度適應（Over-adaptation）的症狀，因爲太顧慮身邊的人而心力交瘁。

不知爲何，當時的我沒有自信，而且充滿罪惡感，出現解離症狀，宛如坐在一架看不見外界狀況的大型機器人裡，操縱著自己的軀體。

我無法自在地表達我的意志，說得極端一點，就是即使內心感到高興或悲傷，那些情緒也無法與臉部表情產生連結，導致身邊的人都覺得我很「淡定」，

然而我卻始終苦於某種難以言喻的孤獨。

在這種心理狀態下，人際關係當然不可能經營得多順利，工作時也常心不在焉，我實在不知該如何是好。更嚴重的是，我根本沒辦法將心中的痛苦化為言語表達出來（其實無法順暢地用言語表達，也是創傷的症狀之一）。

當時不但「活得好累」的感覺已經嚴重到令我絕望，身旁的人都無法理解我的狀況，更讓我覺得自己彷彿與世隔絕。

為了尋找解決方法，我看了許多書，但沒有一本書能讓我豁然開朗。如果是現在，我們一定很快就能判斷那些症狀肇因於「慢性創傷（發展性創傷、複雜性PTSD等）」，但在當時，光是想獲得有助於理解的資訊，都不容易。

此外，我在閱讀有關創傷的書籍時，還有一種不太對勁的感覺，我想是因為那些書多少有點掉書袋的味道，且書中提到的案例，主要都是戰爭、天災、強暴、性虐待、兒童虐待等重大事件。

我還記得那時我有股失落感，心想：「那些案例怎麼好像離我很遙遠……」、「我又沒有遭遇過性虐待……」、「都沒有寫到我的狀況啊……」我繞了好大一圈才明白，原來那種「活得好累」的感覺，來自於過往的創傷。

心理創傷並不存在？

在尋找解決方法的過程中，我經常看到「心理創傷並不存在」這種說法。其中最廣為人知的，就是由岸見一郎先生與作家古賀史健先生共著，介紹阿德勒心理學的暢銷書《被討厭的勇氣》（究竟出版）。

該書有一個章節，名稱是〈心理創傷並不存在〉，內容寫道：「**阿德勒心理學明確否定心理創傷**」、「**我們不要因自身經驗所產生的衝擊（也就是心理創傷）而痛苦，而要由經驗中找出能夠達成目的的東西**」。

當然，作者或許是為了鼓勵讀者自我啓發，才透過這段話來強調「自助」的重要性，只是這段話實在太令人印象深刻，不少書評甚至直接用「心理創傷並不存在」當作標題。

此外，過去美國在討論心理創傷的成因時，曾針對兒童虐待、近親相姦等指控的眞僞展開爭論，稱為「記憶爭議（Memory War）」。我也看過一些文章以此爭議爲由，直接否定心理創傷的存在。

我曾聽熟識的醫師說：「我很少遇見心理創傷的個案，我一直以爲那是特殊案例。」在日本，PTSD是在阪神大地震之後才廣爲社會大眾所知的新概念，因此醫師以爲創傷是一種罕見的問題，也是無可厚非。

在我試圖自立自強，努力擺脫「活得好累」的感受，但實際上卻是在繞遠路的那段時光裡，我也曾懷疑：「會不會眞的沒有所謂心理創傷這回事？我的煩惱會不會根本不是源自於心理創傷？」當時的我，認爲在把問題歸咎於創傷之前，必須先自己努力過才行（沒錯，就連受創者本人也會這麼想）。

創傷的發展史，就是關注與忘卻的循環

在歷史上，創傷的概念可謂時而受到矚目，時而又被忘卻，不停反覆。其背後有諸多原因。

在帝國主義、軍國主義發達的時代，在種種因素的影響下，人們不願意正面

承認創傷的存在。例如基於政治因素，而刻意避免過度聚焦於戰爭引起的心理創傷，或是認為聲稱抱有創傷的人，都是為了逃避兵役而裝病。此外，心理上的抗拒與避諱，例如不願承認近親施虐的事實，也是難以改變的觀念。

另一方面，讓社會大眾認識創傷的關鍵，不外乎鐵路事故、戰爭等重大災難，或是兒童虐待、性虐待等嚴重的事件，這種印象定型後，便導致其他原因造成的創傷長久以來都受到忽略。

最終的結果，就是與本章各案例一樣感到「活得好累」的讀者，可能至今都從未想過原來自己抱有創傷。

即使是在這樣的大環境下，近年來，人們總算開始把「活得好累」的感覺與創傷加以連結。關於這一點，我將在下一章詳述。

爲了幫助各位讀者更加了解自己，我準備了一份檢核表，請各位確認自己是否符合表中的各項敘述。

※本檢核表並非正式的診斷標準或評斷，僅爲有助於自我理解的參考。

有助自我理解的心理創傷檢核表

A. 現在的你，是否符合以下各種描述？請將所有符合的項目打勾。

□ 容易緊張
□ 過度顧慮別人
□ 在意別人對你的看法
□ 無法輕鬆自在地與人相處
□ 經常因爲別人的言行舉止動怒

- □ 有時會過度擔心別人或太多管閒事
- □ 容易對別人言聽計從
- □ 每次發生問題，都覺得是自己的錯
- □ 過度害怕被人討厭
- □ 明知對方不好，卻無法斬斷關係，一直與對方牽扯
- □ 認爲不可以逃避痛苦的環境或自己不喜歡的事情
- □ 經常想起過去不愉快的回憶
- □ 有時會對過去的事情感到羞恥、自責或抱有罪惡感
- □ 害怕面對別人的情緒，無法冷靜應對
- □ 總是逃避人際關係
- □ 覺得人很可怕
- □ 與人相處令你感到疲累
- □ 時常感到不安
- □ 有時會情緒低落、感到憂鬱
- □ 經常感到暴躁、易怒

□ 對未來感到不安、焦慮，覺得現在的自己不夠好
□ 害怕負責任
□ 覺得出門很麻煩，極力避免出門
□ 覺得在工作上無法吸收經驗，技術也沒有長進
□ 無法掌握工作的整體狀況或重點
□ 無法將環境打理整齊
□ 經常在工作上犯錯
□ 無法靜下心來，按部就班地做出成果
□ 不知道自己到底想做什麼、喜歡什麼
□ 抓不到自己的情緒
□ 無法精準地表達感情
□ 缺乏自信心
□ 覺得自己沒有價值
□ 容易自責
□ 有時會覺得自己很奇怪、很沒用

□ 覺得自己比同年紀的人幼稚
□ 覺得自己彷彿在遠處看著自己
□ 有時會覺得自己與世界之間隔著一層薄膜
□ 有時會覺得整個世界或人生很空虛
□ 不相信事物會慢慢累積（覺得一切都會突然瓦解）
□ 覺得自己不論做什麼都不會順利
□ 無法放鬆
□ 有時頭腦或身體很緊張，無法鎮定下來
□ 難以入眠、淺眠
□ 討厭待在人多、吵雜的地方
□ 一旦視野中出現雜物，就無法專心
□ 有時會出現心悸、呼吸困難、焦慮等恐慌症狀
□ 有頭痛、腰痛等原因不明的疼痛或不適
□ 曾有過自殘行爲（割腕、拔頭髮、毆打自己等）
□ 對酒精、賭博、購物、工作、食物、愛情等有依賴傾向

B. 請回憶你人生至今發生過的事件與經驗。

童年時期的你，是否有過以下各種經驗？請將所有符合的項目打勾。

- □ 經常因爲家人感情不睦而感到緊張、不安
- □ 經常目睹家人的言語暴力或肢體暴力
- □ 父母或家人喜怒無常，言行情緒化
- □ 父母或家人過度在意別人的眼光
- □ 父母或家人經常口出惡言，說別人的壞話
- □ 經常遭到父母或家人的貶抑
- □ 父母或家人過度以成果來衡量你
- □ 父母或家人長期灌輸你偏差的想法或價值觀
- □ 小時候父母或家人對你漠不關心
- □ 母親等主要照顧者沒有提供長期穩定的關愛
- □ 父母對你的態度不適切，且忽冷忽熱

□ 父母或家人經常否定你
□ 父母或家人對你的言行經常帶給你不安或壓力
□ 父母（主要照顧者）沒有善盡父母的職責
□ 在家裡經常感到壓力
□ 童年時期的記憶很稀薄
□ 曾在學校、社團或補習班遭受霸凌
□ 曾在職場等環境遭受精神虐待或權力霸凌
□ 曾遭受朋友、熟人的精神虐待
□ 曾遭受伴侶、配偶的精神虐待
□ 曾遭受伴侶、配偶的家庭暴力
□ 曾在住院或開刀等醫療過程中受到巨大或長期的壓力
□ 曾遭受言語性騷擾或有過非自願性行爲
□ 除上述狀況外，在生活中曾有過長期性的不安或壓力
□ 除上述狀況外，精神上或生理上曾遭受過極大的壓力

●結果判定

・在「A（現在的狀況、狀態）」項目中勾選了一個以上。

※受限於篇幅，本表只列出主要的身心狀態。除了表中列出的項目之外，可能還有其他因創傷而產生的不適症狀。

・同時，在「B（過去的事件、體驗、經驗）」項目中也勾選了一個以上（考慮到有些人可能會壓抑記憶，因此若沒有勾選B項目，卻勾選了許多A項目，也應該懷疑是受到創傷的影響）。

・勾選的項目數量愈多，表示狀況愈嚴重。本問卷並無設定「勾選幾個以上就是抱有創傷」的標準。

第2章

「心理創傷」概念形成的始末

——引發「第四類發展障礙」的發展性創傷

在上一章裡，我介紹了幾個與我們切身相關的症狀與案例，案例中的每一位當事人，都很想釐清自己感到「活得好累」的原因，也費盡心思，試圖擺脫那種感覺。

許多個案因為創傷相關症狀前來諮詢時，都會問到：「我是不是有人格障礙？」、「我是不是HSP[7]？」現在坊間有許多討論心理、精神問題的書籍，我想他們之所以這麼問，應該是想確認自己是否與書中提到的症狀相符吧。

多年來，人們用過各種不同的關鍵字來解釋「活得好累」的感受，例如「人格障礙」、「HSP」等，就是近年較受矚目的概念。事實上，「活得好累」也是在二〇〇〇年之後才在日本普及的新詞彙。

我會不會也有發展障礙？

而近年「流行」的概念之一，就是「發展障礙」。我的諮商個案中，有不少人曾經懷疑自己有發展障礙，也有人認定自己的症狀就是發展障礙。

假如各位確實有上一章列舉的症狀，人際關係或工作又長期不順利，理所當然會懷疑自己可能有ＡＤＨＤ或發展障礙。

不過在此同時，我也有個疑問——爲什麼背負著創傷的人，總會擔心自己是否有發展障礙呢？發展障礙和心理創傷其實是兩種截然不同的概念，發展障礙是一種光譜（Spectrum），因此任何人懷疑自己有發展障礙都是合情合理的，然而耐人尋味的是，爲心理創傷所苦的人，似乎比一般人更容易把自己感到「活得好累」的原因歸咎於發展障礙。

其實，這都是因爲創傷所導致的症狀與發展障礙的症狀極爲相似，就連專家也難以分辨。

發展障礙的概念已廣為人知

發展障礙是一種大腦與神經系統方面的障礙，會導致當事人在群體中適應不

7　編註：Highly Sensitive Person，即指「高敏感人」。

良。

早期日本幾乎沒有專門診治發展障礙的醫師，據說在當年，只要有人敢宣稱自己能治療發展障礙，便可當場成爲醫治發展障礙的第一把交椅。這二十年來，社會大眾對發展障礙的理解進展迅速，書店裡擺著大量相關書籍，電視節目也經常討論這個議題。儘管專業程度不如專家，但對發展障礙有一定認識的民眾，其實出乎意料地多。

促進社會大眾積極理解發展障礙的因素有很多，有些人是因爲看到同事太不懂得應對進退，懷疑對方可能有發展障礙，便找些相關書籍來閱讀，有些人是因爲與家人或朋友相處得不順利，而主動查詢資料，有些人則是自己的孩子或家人實際被診斷爲發展障礙。換句話說，當身邊的人出現這種問題，大家就會比較關心。

此外，正如本章開頭提到的，也有不少人是因爲懷疑自己的煩惱可能肇因於發展障礙，才開始更進一步去了解。在上述推力之下，「發展障礙」逐漸成爲一種普及於社會的概念。

發展障礙的「激增」與疑點

當發展障礙的概念逐漸為人所知，有能力診治的醫療機構也增加之後，被診斷為發展障礙的個案數量便直線上升。

根據文部科學省[8]二〇一九年的調查，在全日本公私立小學、國中、高中接受「通級指導」[9]的學生中，有發展障礙（ADHD、自閉症光譜障礙、學習障礙）的學生人數逐年增加，十年來已增加了4．3倍。包括日本在內的各個先進國家，似乎都有相同的趨勢。

這種現象不免令人產生疑問，因為發展障礙一直以來被視為先天性疾病，即使診斷變得普及，這種持續性的增加也絕非尋常。

負責診治受虐兒童的醫師不約而同地發現，許多受虐兒童同時也被診斷為發

8　編註：是日本中央省廳之一，負責統籌日本的教育、科學、學術、文化與體育事務。

9　譯註：相當於臺灣的資源班。

展障礙，且兩者的症狀酷似。換言之，發展障礙與受虐兒童的症狀幾乎一致，包括社交障礙、溝通障礙、高度敏感、注意力不足、易衝動等，就算由專家透過專門的測驗來進行診斷，也難以區分。

「第四類發展障礙」

杉山登志郎醫師也是對此感到疑惑的專家之一。杉山醫師依據其臨床經驗，主張將因虐待而產生類似發展障礙症狀的案例，歸類為「第四類發展障礙」。

之所以稱為「第四類」，是因為根據日本對發展障礙的分類，第一類是指智能障礙、肢體障礙等古典發展障礙，第二類是指自閉症及亞斯伯格症候群，第三類是指學習障礙、ＡＤＨＤ等輕度發展障礙；而肇因於虐待的發展障礙，則是列於上述三類之後的第四種症候群。

其實在杉山醫師提出上述概念的不久之前，美國的范德寇也曾提出相同的概念，稱為「**發展性創傷疾患**（Developmental Trauma Disorder）」。為了給予兒童適切的診斷，他認為必須建立一個更廣泛的概念，來指涉「肇因於虐待或不當對待的心理創傷（發展性創傷）所導致的複雜性ＰＴＳＤ」。

另外，根據依附障礙的臨床案例與相關研究，可知依附障礙與發展障礙的症狀也非常相似。在日本，此觀點乃是透過岡田尊司醫師的著作（《別說我是發展障礙（暫譯）》（幻冬舍新書）等）逐漸廣為人知。依附障礙與發展性創傷這兩個概念，指的其實是同一種病症。

創傷與發展障礙症狀酷似的原因

儘管被命名為「第四類發展障礙」，但該病症當然並不是真的發展障礙，而是當事人因為遭受創傷，而出現了類似發展障礙的症狀。

問題來了——為什麼截然不同的兩種病症，症狀會如此酷似呢？這種巧合未免太奇妙，倘若沒有某種共通的因素，應該不可能酷似到這種地步。遺憾的是，我們至今仍無法明確掌握其原因，目前只能推測兩者的共通點可能是個案的「身心發展」與「適應能力」受到阻礙。

導致發展障礙的原因，可大分為遺傳與環境兩種因素。過去人們一直認為發展障礙源自遺傳，但近年各種研究指出環境因素可能才是主因。

另一方面，暴露在特定環境（高度或持續性的壓力）下，也會出現創傷的症狀，例如遭受不當對待等壓力，可能會導致當事人的大腦與神經系統受損。

導致發展障礙的環境因素，主要是在胎兒出生前，也就是在母體子宮裡承受某種壓力或傷害，導致其發展受到阻礙。相對地，創傷或依附障礙則是在孩子出生以後，因為不當對待、虐待及其他壓力，而導致其發展受到阻礙。

儘管發生的時間點和內容都不同，創傷和發展障礙的症狀本質上皆為來自環境的壓力阻礙了「發展」，因此顯得極為相似。相較於胎兒出生前的環境因素所導致的發展障礙，出生後才出現的創傷症狀，應有更多改善的餘地。

發展障礙可視為「發展不均衡＋適應障礙」，因此當一個人對環境或社會的適應能力受到阻礙，發病機率就會提高；而創傷也是一樣，當一個人喪失自我或與社會脫節，「適應能力」便會受到阻礙。創傷與發展障礙的個案都會感到「活著好累」，這應該也是兩者類似的原因之一。

發展障礙與創傷症狀酷似，也代表著過去被診斷爲發展障礙的個案中，有不少案例其實應該是創傷或依附障礙。發展障礙可透過兒童發展評估等檢測進行診斷，但這些檢測並無法區別發展障礙、創傷及依附障礙。此外，萬一個案受測當天的身心狀況不佳，檢測結果便可能失準。隨隨便便就被診斷爲發展障礙的案例，似乎也不少。

有助理解創傷的經紗與緯紗

「第四類發展障礙」或「複雜性PTSD」的概念，絕對不是一朝一夕就確立的，據說杉山醫師當年也遭到其他醫師同業的強烈反彈。要讓一個嶄新的概念受到社會大眾認可，需要各方面的支持，而創傷研究領域以外的各種調查研究，就像布料的緯紗一般，陸續提供了許多科學佐證，創傷研究才得以有今天的成果。

爲了幫助各位更進一步理解創傷，接下來我將爬梳經紗（垂直向），也就是創傷概念發展的歷史，同時介紹緯紗（橫向），也就是各種作爲佐證基礎的研究。認識歷史，也有助於當事人自我理解及解決問題。

創傷研究的濫觴

創傷研究的濫觴可追溯至十九世紀中葉以後。當時鐵路是一種新科技，然而隨著鐵路日漸普及，鐵路事故也隨之增加。鐵路事故有個異於傳統交通事故的特徵——它是在日常生活中突然發生的重大災難。

「鐵路脊髓震盪症」

當時有個現象，讓負責醫治鐵路事故傷患的醫師感到困惑：鐵路事故中，當然有許多人受傷或死亡，但許多人明明沒有外傷，卻主訴感到痛苦或身體不適。

在現代，我們可以判斷這就是PTSD（創傷後壓力症候群），但當時的人們並無法理解這些個案爲什麼身體沒有問題，卻出現不適的症狀。英國的外科醫師艾里克森（John Eric Erichsen）推測，這些症狀的成因，可能是因爲意外發生當下的衝擊造成了脊椎震盪，因此將其命名爲「鐵路脊髓震盪症（Railway

Spine）」。隨著鐵路安全相關技術的發展，鐵路事故逐漸減少，人們對於「鐵路脊髓震盪症」的關注也慢慢消退。

「彈震症」、「戰爭性精神官能症」

緊接著受到矚目的，是大規模戰爭受害者身上出現的症狀。隨著科技的進步，戰爭也因爲機關槍等新型武器的發明，而出現前所未有的大量傷亡。

當年有許多軍人深受外傷以外的種種症狀所苦，該如何治療他們，成了棘手的問題。在當時，那些症狀被稱爲「彈震症（Shell Shock，又譯砲彈休克症）」或「戰爭性精神官能症（War Neurosis）」，和「鐵路脊髓震盪症」一樣，人們認爲那是因爲爆炸使得脊髓產生震盪所導致的症狀。

同樣地，戰爭結束後，世人便慢慢不再關心這些症狀，要等到越戰之後，創傷才開始眞正受到社會的關注。

致力於歇斯底里相關研究的賈內與佛洛伊德

創傷研究的另一個分支，是同樣盛行於十九世紀中葉以後的歇斯底里相關研究。當時，梅斯麥（Franz Anton Mesmer）及夏柯（Jean-Martin Charcot）等醫師在巴黎嘗試利用磁氣療法及催眠等方式治療歇斯底里，效果顯著。

在這段期間嶄露頭角的，就是賈內（Pierre Janet）以及佛洛伊德（Sigmund Freud）。賈內是法國的心理學家，他將歇斯底里和創傷視爲心理問題，認爲歇斯底里的成因是「沒有經過妥善處理的創傷記憶」，亦即那些身體上的不適症狀，是由潛意識裡的記憶和創傷所引起的；這正是在現代被稱爲「解離」的概念。

而佛洛伊德也認爲，歇斯底里是由潛藏於日常生活中的體驗所造成的。在研究過程中，他推導出原因可能是童年時期遭受的性虐待，然而此推論受到學會的猛烈抨擊，再加上性虐待控訴的眞實性也受到質疑，迫使他在日後轉換了研究方向。

在此之後的創傷研究，也同樣反覆遭受嚴厲的批判，彷彿在重演佛洛伊德遇到的挫折一般，例如一九九〇年代茱蒂絲・赫曼提出的複雜性PTSD，以及「虛假記憶（False Memory）」爭議等等。

長期的漠不關心與空洞的發展史

又過了很長一段時間，才有赫曼的出現，不過在佛洛伊德到赫曼之間，也有薩德・費倫齊（Ferenczi Sandor）、艾布拉姆・卡迪納（Abram Kardiner）等人延續佛洛伊德的理論，繼續進行研究。只是創傷研究始終冷門，又缺乏統整，因此在接下來的時代裡，人們對此議題幾乎毫不關心。

一般而言，研究發展史通常會隨著時間的經過，慢慢累積出豐碩的成果，然而創傷研究卻並非如此。創傷研究的特徵，就是短暫地引起世人注意，緊接著又是一段漫長的漠不關心與遺忘。賈內和費倫齊的研究，也是在一九八〇年之後，因爲人們回頭挖掘文獻才曝光的。其實創傷研究的歷史非常短淺，嚴格來說，要到一九八〇年代以後，才有正式的創傷研究。

「複雜性PTSD」的倡議

茱蒂絲・赫曼是美國精神科女醫師，自一九八〇年代開始活躍。隨著女性主義的抬頭，美國從一九七〇年代起，便日益重視性侵受害女性的身心症狀。由於性暴力遺留的後遺症與戰爭性精神官能症極為類似，因此當時被稱為「強暴創傷症候群（Rape Trauma Syndrome）」，學會刊物中也曾刊載此名稱。

在女性主義運動的影響下，赫曼開始致力於支援與治療遭受性暴力、性虐待、家暴的女性。一九九二年，她將多年來的研究成果集結成書，出版了《創傷與復原》（左岸文化）。

同樣是創傷及PTSD的成因，相對於戰爭、天災等單次性的重大災難，暴力或虐待是在日常生活中反覆發生的傷害。遭受暴力與虐待的個案，由於在人我關係中長期處於被控制的狀態，因此除了戰爭等重大災難導致的PTSD症狀之外，還會感到「活得好累」，認為自己毫無價值、做人失敗、難以經營人際關係或融入社會，長期深陷痛苦之中。

赫曼將這種反覆性的創傷加以概念化，稱之爲「複雜性ＰＴＳＤ」，這個名稱也在二〇一八年被列入世界衛生組織（ＷＨＯ）的國際疾病分類標準，成爲正式的診斷名稱。不過，「複雜性ＰＴＳＤ」在正式受到認可之前，還有一段迂迴曲折的經過。

赫曼的主張遭到猛烈批判

其中一個阻礙，是當時社會上出現的質疑聲浪——個案所指控的創傷事件，會不會是因爲接受了治療師的暗示而形成的「虛假記憶」？當時有學者實際進行「創造虛假記憶」的實驗，指出只要透過暗示，的確可以製造出虛假記憶，據此對赫曼展開猛烈的批判。此外，也有被指控爲性虐待加害者的父母告上法院，狀況可謂一團混亂。

佛洛伊德也經歷過相同的遭遇，畢竟，要讓潛藏在日常生活的體驗與創傷產生連結，光靠走在時代尖端的研究、經驗、使命感以及當事人的記憶，實在難以取信於人。

早在約莫一百年前，佛洛伊德就試圖從日常事件中找出創傷的原因，可謂極富遠見，更堪稱現代發展性創傷與複雜性PTSD等概念的先驅。然而請容我重述，想要讓這種先進的觀念廣泛獲得認可，必須先有能夠支撐此概念的「基礎建設」，也就是各種相關研究調查以及社會共識的形成。

而這些「基礎建設」，其實是在與創傷研究沒有直接相關的領域，慢慢建立起來的。

依附（Attachment）研究的濫觴

第二次世界大戰後，英國的精神科醫師約翰．鮑比（John Bowlby）開始研究當時備受矚目的問題——戰爭孤兒的身心不適（當時被稱為「醫院症候群（Hospitalism）」）。所謂的醫院症候群，是指戰爭孤兒即使已攝取充分的營養，卻仍出現有如自閉症一般的症狀，並有發育遲緩、死亡率偏高的傾向。

鮑比接受世界衛生組織（WHO）的委託展開調查，發現倘若孩子與母親等主要照顧者的關係遭到剝奪，會對孩子造成極大的影響。鮑比將他的研究集結成書，出版了《依戀理論三部曲》（小樹文化），成爲「**依附理論**（**Attachment theory**）」的濫觴，對後世的醫學、心理學、教育學等領域影響深遠。

何謂「依附」？

一言以蔽之，「依附（Attachment）」就是親子之間的親密關係。在童年時期，依附是「父母的存在」及「撫養」等物理上的概念，隨著年紀增長，使開始內化爲精神層面，成爲一個人身心狀態健全穩定的基礎。依附也被比喻爲「安全基地（Secure Base）」，它可以提供我們安心感、安全感等身心發展所需的基本要件。

依附關係主要在嬰兒出生後半年至兩歲半之間形成，重要的是，依附關係只會在當事人與主要照顧者之間形成。在育幼院等機構裡之所以難以形成依附關係，就是因爲照顧者經常更換，缺少在形成依附關係時必要的「主要照顧者」。也就是說，即使滿足孩子在衣、食、住方面的需求，也無法形成依附關係，這在以色列的集體農場「吉布茲（Kibbutz）」實驗中，也獲得了證實。

在依附關係形成的過程中，最重要的就是父母對孩子的態度是否一貫且穩定。倘若父母一下子過度干預、一下子又漠不關心，心情陰晴不定，態度缺乏一致性，便會妨礙依附關係的形成。

不但如此，焦慮型依附等依附障礙，將會影響當事人成長之後的身心健康，例如罹患憂鬱症、依賴症等精神障礙的機率提高，也更容易出現免疫性疾病、肥胖、高血壓、糖尿病等症狀。除此之外，也可能無法適應社會，感到孤獨或「活得好累」。

依附相關的研究，證實了人們「活得好累」的感覺，以及原因不明的身體不適症狀，都與童年時期的成長環境有關。

兒童虐待獲得正視

無須贅言，兒童虐待及忽視（Neglect）是產生依附障礙的主因。美國自一九六〇年代開始正式承認兒童虐待，亨利．坎普（C. Henry. Kempe）在他一九六二年發表的研究中首次提出「受虐兒症候群（Battered-child Syndrome）」一詞。一九六四年，全美實施虐待通報義務制度，社會開始正視虐待行爲，並設法因應。

一九七〇年以後，被判定爲虐待案件的數量持續增加，證實了不只是當初約翰·鮑比醫師調查的育幼機構，在一般家庭中受虐的兒童，也會出現許多身心問題。

童年不良經驗（Adverse Childhood Experiences，ACE）研究

任職於美國凱薩醫療保險公司（Kaiser Permanente）的內科醫師文森·費利堤（Vincent J Felitti）偶然發現，幾乎每一位病態性肥胖的病人，過去都曾遭受性虐待。

由於這個偶然的發現，費利堤與凱薩保險公司醫療中心等單位合作，展開以一般民眾爲對象的大規模調查。他設計了一份網羅各種童年不良經驗的問卷，調查受訪者是否曾有不良經驗。所謂的不良經驗，就是在童年時期遭遇過的虐待、

忽視或父母離異等經驗。

費利堤從一九九五年到一九九七年一共發出26,000份問卷，最後回收約17,000份有效問卷。他將問卷結果與受訪者的就醫紀錄進行比對，完成了這份後來被稱爲「童年不良經驗（Adverse Childhood Experiences，ACE）研究」的調查。

該份問卷設有10個問題，每一題若回答「有」，則算一分，最後計算出0～10分的ACE分數。研究結果顯示，在童年時期沒有不良經驗的人僅占了三分之一，代表經歷過「足以造成創傷的不良經驗」的人，遠遠超乎想像。除此之外，比對就醫紀錄後，可知童年時期的不良經驗與成年後的疾病關係密切。

以憂鬱症爲例，ACE分數4分以上的受訪者中，有66%的女性及35%的男性爲慢性憂鬱所苦；ACE分數4分以上的受訪者，患有酒精依賴症的人數是0分的7倍；ACE分數6分以上的受訪者，患有藥物依賴症的人數是0分的47倍，自殺風險則高達50倍以上。

在生理症狀方面，患有腸躁症的女性，有半數曾在童年時期遭受創傷；童年時父母離異的人，成年後罹患腦中風的風險極高。其他諸如糖尿病、癌症、多發性硬化症等疾病，也都與童年不良經驗密切相關。

如同依附相關的調查研究，ACE研究也提供了量化的數據，證實童年時期的不良經驗與成年後的身心不適確實有關。

腦科學證實的「虐待的傷痕」

除了上述社會科學領域的調查研究成果外，數十年來進展飛快的腦科學領域，也爲創傷提供了更進一步的證據。一九九〇年代後，以FMRI（功能性磁振造影）與MRS（核磁共振光譜法）爲代表的造影設備日漸進步，讓我們可以明確地掌握因爲受虐而產生創傷的人，大腦究竟出現了什麼變化。

於是，人們發現了一個驚人的事實——過去將創傷稱爲「心靈的傷」，只是一種譬喻，但事實上，受創者的大腦（≒心）眞的受了「傷」。具體而言，就是大腦的某些區域體積增加、某些區域體積減少，導致大腦功能出現異常。過去人們對創傷症狀的成因有各種不同見解，如今證實了原因確實是人體器官的功能障礙。

根據福井大學「兒童心理發展研究中心（Research Center for Child Mental Development）」友田明美教授的研究，在掌管視覺的器官方面，已知性虐待受害者的視覺皮質區體積會減少（例如：梭狀迴減少18%），其中又以左腦的視覺皮質尤爲顯著，這可能是爲了避免看見清楚的影像而產生的防衛機制。

在掌管記憶的海馬迴方面，已知受虐者左腦的海馬迴會減少。在掌管聽覺的聽覺皮質區方面，已知從小經常遭受父母辱罵的人，顳上迴灰質的體積會出現顯著增加，而增加的原因推測是突觸修剪（Synaptic Pruning）無法順利進行。

曾受到體罰等身體虐待的人，掌管情緒的內側前額葉皮質體積平均減少19.1%，與注意力、決策、同理心有關的前扣帶皮質則減少16.9%。

如上所述，透過造影，我們證實了目擊虐待、家暴或遭受不當對待，確實會對大腦產生直接的傷害（有關大腦的變化，將在第4章詳述）。

在腦科學與量化研究的佐證下，如今已沒有必要像佛洛伊德或赫曼的時代一般，爭論個案記憶中的創傷是否眞的存在。社會大眾的焦點，已經轉向如何提供受創者、加害者及其家人更妥善的治療與支援，以及如何防範可能導致創傷的虐待行爲。

要提供妥善的治療，就必須更確切地掌握創傷影響身心的機制，而填滿最後一塊拼圖的，就是近年倍受注目的「多重迷走神經理論」。

多重迷走神經理論（Polyvagal Theory）

多重迷走神經理論（Polyvagal Theory）是一個關於自律神經系統作用的理論，由生理心理學家史蒂芬．波格斯（Stephen W. Porges）在一九九四年提出。該理論說明了人在發展過程中遭受的壓力如何影響自律神經，以及可能導致哪些身心症狀。

在此之前，沒有任何理論能簡單扼要地說明心理上「活得好累」的感受與生理上的不適有何關聯，也不清楚有「第四類發展障礙」之稱的創傷症狀是如何生成的。

此外，在創傷治療的成效方面，例如我們雖然已經透過經驗得知快走、運動或演戲等活動對於改善精神障礙有幫助，但究竟爲什麼會有幫助，僅能依據治療師的推測或個別的實驗來判斷。

多重迷走神經理論爲上述問題提供了科學佐證，因爲有了理論基礎，治療師便能依此類推，掌握治療的重點和關聯性，並自由發揮。在上述前提之下，各種療法百花齊放，蓬勃發展。

儘管多重迷走神經理論並非針對創傷提出的理論，卻獲得創傷治療師的重視。透過他們與波格斯博士的交流，多重迷走神經理論也日益穩固，直至今日。

以上爲各位介紹的，就是創傷研究的歷史，以及在其他領域展開的研究及理論，現代的創傷概念，就是以上述兩者分別作爲經紗和緯紗所交織而成。另外，我在第4章也將提到，社會意識的變化，例如有愈來愈多人理解精神虐待爲何物，也對創傷概念的形成帶來了影響。

接下來，我將整理「發展性創傷」等有關創傷的診斷名稱及概念。

何謂PTSD？

——戰爭、重大災難、強暴等單次性創傷

相信本書的讀者中，應該也有不少人以爲PTSD＝心理創傷吧。其實**「PTSD（創傷後壓力症候群）」**並不是創傷，而是指創傷造成的某些症狀。

PTSD起源於「越戰後症候群（Post-Vietnam Syndorome）」的相關研究，是一種廣泛性的概念，包括因爲戰爭、意外事故、天災、犯罪行爲而產生的種種後遺症。在日本，此概念是在阪神大地震以後才漸漸普及。

PTSD的成因，基本上是直接或間接體驗單次或持續時間較短的「瀕死、重病、遭受性暴力對待」等事件，主要症狀有「重現（Flashback，事發情景瞬間閃過腦海、做惡夢等）」、「逃避（Avoidance，逃避與創傷事件相關的思緒、情緒、事物或狀況）」、「感覺受威脅（Hyperarousal，過度警覺）」等三種。

何謂複雜性PTSD與發展性創傷？——長期、反覆的慢性創傷

「複雜性PTSD」是長期且反覆的慢性創傷所導致的症狀，除了PTSD的三大症狀（「重現」、「逃避」、「感覺受威脅」）之外，還可能出現另外三種症狀（「情緒失調」、「自我否定（覺得自己毫無價值）」、「人際關係障礙」）。當然，診斷時除了確認症狀之外，同時也必須了解個案的成長歷程及近期發生的事件，確定個案曾面臨高度威脅或恐懼的、強烈且長期或反覆發生的事件。

本書的主題**「發展性創傷」**，就是童年時期所受的慢性創傷，亦是造成複雜性PTSD的原因之一。

順帶一提，兒童遭受複雜性創傷時出現的症狀相當廣泛，為了給予適當的診斷，有人提出了「**發展性創傷『疾患』**（Developmental Trauma Disorder）」

概念，意指因爲發展性創傷而出現類似ADHD的症狀、行爲障礙、解離等症狀後，最終成爲複雜性PTSD的狀況，但目前尚未被認可爲正式診斷標準。

雖然容易與發展性創傷混淆，但「發展性創傷『疾患』」這個診斷標準提議，基本上是爲了掌握兒童在受到不當對待時所呈現的病狀。

容我重述，相對地，「發展性創傷」則是指「童年時期遭受的心理創傷」。當我們追溯一個成年人爲什麼總是感到「活得好累」時，經常發現背後的原因正是當事人在童年時期所受的創傷（發展性創傷）。此時我們會將其診斷爲「複雜性PTSD」，或是「肇因於發展性創傷的症狀」。

複雜性PTSD

PTSD（**創傷後壓力症候群**）
「重現（事發情景重現腦海）」
「逃避」
「感覺受威脅（過度警覺）」

＋

「情緒失調」

「自我否定（覺得自己毫無價值）」

「人際關係障礙」

複雜性PTSD的症狀

有些讀者可能會感到疑惑：「成年人受的創傷，不也一樣是創傷嗎？」稍後在第4章也會提到，成年人當然也可能因爲遇到精神虐待或家暴等壓力，而產生創傷（本書開頭所舉的眞子公主，就是因爲遭受媒體和輿論的撻伐，而被診斷爲複雜性PTSD）。

當一個人承受過大的壓力，便可能出現類似ADHD或發展障礙的能力低落現象。

由於創傷研究仍是現在進行式，因此有時難免出現定義跟不上實際案例的狀況。我們可以說，對創傷了解得愈透徹，就愈容易體會定義與實際狀況的差異，因而感到混亂。各位的認知當然沒有問題：不論是成人或兒童，只要遭受強烈或持續性的壓力，就有可能產生創傷；各種概念或診斷名稱，都只是爲了方便社會大眾理解。

只不過，臨床上有太多個案的問題，原因都出在童年時期所受的創傷。另外，當事人也可以明確感受到，童年時期創傷所造成的傷害，遠遠大於成年後的創傷。因此，我在第4章也會說明，若想釐清創傷的全貌，我認爲以「發展性創傷」作爲起點，應該是了解創傷形成機制的捷徑。

其他壓力相關障礙

各位或許也曾耳聞其他與心理創傷或壓力症候群相關的診斷名稱，例如「**急性壓力症（ASD）**」。急性壓力症會出現與PTSD相同的症狀，不過通常在一個月之內可獲得改善。若個案被診斷爲急性壓力症，但症狀卻持續一個月以上，便可判斷爲PTSD。

另一個診斷名稱是「**適應障礙症**」。適應障礙症是一種壓力症候群，當壓力來源明確且造成身心不適，就會被診斷爲此病症。所謂的不適，包括不安、抑鬱、焦躁、混亂等心理症狀，倦怠、頭痛、肩頸僵硬、腹痛、盜汗、暈眩等生理症狀，以及在工作等社會行爲上出現障礙的狀況。

相反地，壓力來源不明確，又有憂鬱症狀時，則會被診斷爲憂鬱症。

若個案的症狀不達憂鬱症等精神疾病的標準，無法給予一個明確的診斷名稱，許多醫師就會將其診斷爲適應障礙症，所以適應障礙症也被揶揄爲「垃圾桶般的診斷名稱」。也正因如此，人們往往難以體會適應障礙症實質上就是一種壓力症候群。

以上介紹的就是各種與創傷相關的診斷名稱及概念，當然，概念或診斷名稱都不等於症狀或現實情況。如前所述，診斷名稱只是爲了方便理解而取的稱呼，因此有時會出現與實際狀況不一致的案例，再加上創傷研究的歷史還很短，目前也仍在持續研究中，因此這種現象更是顯著。相信這些標準日後都會在反覆的驗證下持續發展，並且更加合宜。

每個人都抱有創傷

如上所述，近年，我們終於可以透過創傷的概念，來解釋許多人感到「活得好累」的原因，專家也能愈來愈自然地將創傷視爲每個人都可能面臨的問題，而非罕見的障礙。

例如，臨床心理學的專業期刊《臨床心理學》二〇二〇年第20期第1號的特輯，標題就是「每個人都受了傷——心理創傷治療」，令人印象深刻。

不過，依照官方的正式診斷標準，個案必須經歷過瀕死或重大事件，才能被診斷爲心理創傷。我期待此診斷標準未來能被重新檢視，將導致人們「活得好累」的原因，也就是廣泛存在於日常生活中的壓力也一併列入。有關「創傷就是壓力症候群」的概念，我將在第4章詳述。

接下來，我將更詳細地解說創傷所導致的各種症狀。

第3章
創傷導致的「自我喪失」及其他症狀

在第2章裡，我藉由回顧創傷的歷史及相關研究，說明了何謂創傷。

在本章裡，我將解釋倘若一個人受到創傷，會出現什麼樣的症狀。我會盡量用淺顯易懂的方式來敘述，希望此時此刻正感到「活得好累」的讀者，能夠因此察覺自身的狀況。

創傷的本質是「自我喪失」

創傷會導致許多不同的症狀，而我們的首要之務，就是掌握最核心的部分。掌握創傷的核心，就能更輕鬆地理解每一種症狀。

那麼，創傷的核心究竟是什麼呢？答案就是「自我喪失（主體性被剝奪或喪失主體性）」。換言之，一旦受到創傷，除了出現重現、過度警覺等症狀之外，更會喪失「自己是自己」的感覺。尤其是發展性創傷等慢性創傷的受創者，這種感受更是明顯。

茱蒂絲．赫曼認爲「**創傷奪走了受害者的力量和主控感**」（《創傷與復原》），范德寇也說「**創傷使你不再覺得能掌管自己，奪走我在接下來幾章提到**

的『自我領導（self-leadership）』」（《心靈的傷，身體會記住》）。

喪失自我主體性有許多原因，其中之一是焦慮型依附。在發展階段遭受的創傷，會導致以依附爲基礎的自我無法順利形成。人我關係是自我形成時不可或缺的因素，尤其是當事人與主要照顧者之間的穩定關係。假如欠缺這樣的關係，自我就會呈現不穩定的狀態，也就是自我評價過高或過低，若再加上過度緊張、過度適應等症狀，便會抓不到自我的感覺。在父母沒有發揮正常功能的家庭裡，孩子經常認爲自己必須代替他們扮演父母的角色。

另一個原因是大腦功能失調。大腦與自我認知相關的區域位於眼睛上方到大腦中央的部分，由眶額葉皮質、內側前額葉皮質、前扣帶皮質、後扣帶皮質及腦島組成，掌管自我定位、自我認知及自我主體性。

人類的「內感受」，也就是對自己身體內部狀態的感受，就是自我主體性的來源。然而研究顯示，人一旦受到創傷，上述大腦區域便無法正常運作。

第三個原因，就是人際關係出現障礙。人類是群居動物，社交關係也是促進自我形成的要素，但創傷會斬斷人與社會的連結。這是因爲自律神經與大腦功能失調，導致受創者無法妥善經營人際關係的緣故。自我必須建立在穩定的人際關係上，但受創者卻沒有自我，以結果而言，等於陷入了無法經營人際關係的惡性循環。

無法與身邊的人分享創傷事件，也是喪失自我的原因之一。創傷事件必須由社會賦予適切的定義，才能有助於預防或克服創傷。

然而大多時候，受創者很難分享自己的創傷經驗，他們往往因爲不被理解而失望，或是因爲遭到質疑：「你自己是不是也有不對的地方？」而再次受傷。有些受創者甚至無法好好用言語表達自己遭遇的重大事件。

我們已知創傷會導致大腦語言中樞功能受損，就算當事人腦中有想法，也無法順利轉化爲言語。於是，遭遇重大創傷事件的當事人與身邊無法理解他們的親友之間，就會出現更大的隔閡，使當事人失去自我。

沒有使用者登入的手機

大多數受創者其實都充滿行動力，積極參與各種活動，從未想過自己竟然「沒有自我」。此刻正在閱讀本書的讀者，或許也覺得自己絕對不是那樣、並沒有喪失自我的感覺，或認爲自己一直以來都是憑著自由意志思考或行動，不可能沒有主體性或喪失自我。

然而，正如哲學或文學領域中經常討論的，要判斷自己是否「眞的是自己」，其實是相當困難的。不少人以爲符合別人的期待，或扮演好別人希望的角色，就是「做自己」。但是當人們苦於各種不適症狀與「活得好累」的感覺，或是隨著年紀增長而必須面對環境的變化時，每個人或多或少都會赫然發現自己根本「沒有自我」。

我把這種狀態比喻爲「擺在店面展示的空機」，儘管這些人物理上可以自由活動，卻沒有一個名爲「自我」的使用者登入那支手機。換言之，他們雖然擁有軀體，也可以活動，但軀體裡卻沒有自我。他們並不是眞的依照自由意志行動，也沒有實際的體驗，因此無論做過多少事，都無法從中學習，也無法吸收經驗。而這種情形，會導致當事人越發沒有自信。

創傷愈嚴重，上述現象就愈明顯。以下介紹的各種症狀，也都是因爲喪失自我，導致無法掌控身心而產生的問題。

現在，就讓我們來看看有哪些具體症狀。

症狀① 過度緊張

遭受創傷時，最常見的症狀就是「過度緊張」，也就是在根本不需要緊張的場合，也會毫無來由地感到緊張。

當事人就算試圖靠理智壓抑緊張，也是徒勞無功。相反地，愈是叫自己「不要緊張」，通常就會愈緊張。第1章案例1的剛先生，就是典型的例子。

緊張是一種當人類面對壓力的時候，激發身心功能，以利應對壓力的機制。然而，倘若一個人不知道該將什麼事情判斷爲危機、該在什麼時間點開始緊張、又該在什麼時間點解除緊張，這種狀態便是創傷造成的過度緊張。

尤其是假如受創者的記憶沒有獲得妥善處理，就會被埋藏在潛意識中，使得杏仁核過度活化。如此一來，當事人就會無時無刻覺得危機四伏，導致身體一直呈現緊張狀態。從另一個角度來說，緊張狀態其實是身體爲了應付危機而產生的正常反應。

上述的緊張狀態，很難透過放鬆技巧或呼吸法得到緩和，因爲那並非單純天生個性的問題，或一時的壓力所造成。源自創傷的過度緊張相當棘手，只針對症狀治療，並無法徹底解決問題。

有些個案甚至不知道自己過度緊張

當緊張變得太理所當然，往往就連當事人都不曉得自己有過度緊張的問題，尤其是年輕人，大多可以靠意志力克服緊張。然而他們的身體通常會因爲緊張而僵硬，不知道怎麼做到「自然體」，也不知道讓自己鎮定下來的關鍵是什麼。

假如你跟朋友在一起時總是不開心、無法自在地與人相處，就有必要懷疑那是創傷導致的過度緊張。我在後面會詳細說明，人類在與他人互動的過程中獲得的群體認同感與快樂，並非來自於言語溝通，而是來自於下意識進行的緊張（tension）調節。倘若和別人相處時也不會感到愉快，便可能是過度緊張，使得調節功能失靈。

過度緊張並不是單純的太容易緊張，正如我在其他章節提到的，它也是造成人際關係不佳和社會適應不良的主要原因。

症狀② 過度適應

除了過度緊張之外，創傷導致的另一個主要症狀，就是「過度適應」。所謂的過度適應，一言以蔽之，就是「不自覺地過度顧慮他人、迎合他人」。

受創者很習慣任何事情都預先設想到下一步，也很容易過度揣測對方的情緒或想法。他們會觀察對方的態度和細微的表情變化，擔心對方會不會生氣、心情會不會受影響。在許多人聚會的場合裡，他們則會過度拘泥於每個環節，想要主動幫忙。

然而，大多時候他們並非眞正體察對方的心情，反而因爲察覺自己潛意識裡的自卑感，而被對方操控。也有許多案例是本想預先揣測對方的心情，卻弄巧成拙，結果遭到輕蔑甚至精神虐待。

過度適應的背後，其實藏著罪惡感和缺乏自信，就像第1章案例2的伊織小姐一樣，這類個案經常把「不好意思」、「對不起」掛在嘴邊。若各位也有類似的口頭禪，就必須懷疑可能是過度適應。

過度適應的人通常對別人憤怒、不滿的情緒感到畏懼。他們會放大心中對他人的印象，將他人視爲一種捉摸不定、不合理的存在，而這種扭曲的印象，又使得他們害怕與人相處。他們無法掌握社會和人際關係的規則與運作機制，因此只好藉由處處顧慮他人來保護自己。

長期將配合他人視爲首要之務的結果，就是搞不清楚自己的心情和想法，最後連「自己（自我）」都無法維持。正因爲沒有自己（自我），他們只能完全遵循外在的標準，否則無法適應社會。

評價兩極，有時會遭到誤解

若一個人過於顧慮他人，就代表他進退失據，不懂得拿捏分寸。就像過度緊張一樣，過度適應也是大腦（用電腦來比喻的話，就是ＣＰＵ）和交感神經處於不停運作的狀態，因此有時會耗盡大腦的能量，呈現宛如低血糖一般的呆滯模樣。當事人以為自己一直體貼地為別人忙進忙出，但事實上卻可能因為精疲力竭而突然愣住或面無表情，無力顧及別人。

即使當事人精力充沛，也可能因為想太多而無所適從或徒勞無功，因此即使當事人自認處處替人著想，有時仍會遭到誤解，被認為不懂得察言觀色。

症狀③　缺乏安心感、安全感及基本的信賴感

創傷是一種過去承受的壓力始終沒有得到化解，導致當事人覺得身邊彷彿充滿危機的狀態，因此受創者往往很難相信這個世界是安全的、令人安心的、值得信賴的，認為自己必須隨時做好準備才行。儘管身邊所有人都感到世界很安全且可以信賴，唯有受創者卻總是處於警戒狀態。

或許是因爲遭遇過不合理的對待，他們無法相信事物可以具體慢慢累積的。他們不相信1＋1＝2，老是擔心自己的成果會突然遭到踐踏，或被某種不可預期的力量扭曲，覺得只有自己永遠不會順利。如同第1章案例5的奈美小姐一般，他們經常因爲心中充滿不安和恐懼，而對枝微末節的小事感到煩躁，甚至遷怒到旁人身上。

即使他們理智上很清楚自己身在一個令人安心且安全的環境裡，身體和潛意識卻無法相信。這些個案大多沒有發現自己缺乏安心感、安全感和基本的信賴感，以爲自己只是單純個性膽小、怕生，或怪罪別人讓自己煩躁。

欠缺安心感、安全感，會造成扭曲的世界觀與負面認知，使得當事人無法以自己爲主體來認識世界，認爲世界是黑暗的、不可信的，同時感到悲觀。曾遭受不當對待或霸凌的個案，甚至會散發出陰沉的氣息，彷彿被加害者心中的黑暗侵蝕。他們會把微不足道的小事看得太嚴重，無法輕鬆面對，而這種症狀一旦加劇，便可能出現焦慮症或憂鬱情緒。

症狀④ 害怕被拋棄

缺乏安心感、安全感、基本的信賴感及自信，會引發「害怕被拋棄」的症狀。

「安全基地」是人類建構自我的基礎，一旦缺少這個基礎，眼前的人際關係就成了影響自我存在的最大因素，也就是會覺得「一定要得到對方的讚賞與認可，自己才算存在」。

因此，這類個案往往會在事後過度反省自己的言行，甚至會自責或感到焦慮。例如，即使對方根本不值得交往，也無法與對方斷絕關係，儘管他們理智上很清楚分手也不會怎麼樣，卻莫名覺得不安，始終放不下對方。

症狀⑤ 對他人與社會感到恐懼

這個症狀與前述症狀相關，受創者會對他人和社會感到恐懼，無法放心地與人交際、來往。他們害怕的對象，可能是與過去帶給自己負面經驗的人或狀況相似的事物，也可能是所有的人和整個社會。

不少個案擔心自己有什麼缺點卻不自知，可能會在無意間觸怒別人，換個角度說，也就是他們很怕別人突然發怒。

他們總認爲自己太幼稚，再加上工作不順、害怕與人相處，導致他們長期缺乏自信又膽小。除此之外，他們也會擔心自己突然遭到排擠，或是在社會上受到批判，彷彿只有自己在不了解社會潛規則的狀態下參加這場遊戲，十分無助。他們覺得世界上沒有可以讓自己安心的地方，沒有歸屬，無法跟社會產生連結，也無法踏入社會。

症狀⑥　無法輕鬆與人相處，難以融入團體

受創者往往很難順利建立人際關係。人際關係障礙，是結合了前面介紹過的過度緊張、過度適應、害怕被拋棄、對人感到恐懼以及喪失自我等因素而形成的。

其中最容易理解的因素，就是自律神經造成的緊張（tension）失調。想要經營良好的人際關係，就必須具備自動調節緊張（tension）的能力，用理智構思談話的內容，是行不通的。

若以1分到10分來表示緊張的程度，當對方帶著3分的緊張與我們交談，我們也會用3分的緊張來回應對方。若對方的緊張是4分，我們就會以4分相待；若對方是2分，我們也會表現出2分。換言之，人類會下意識地配合對方的緊張程度，自動調整。

雙方不自覺地互相配合彼此緊張程度的狀態，就是具備群體認同感的狀態。然而，倘若一個人遭受了創傷，便會喪失自然調節的能力，縱使對方的緊張程度是3分，他們仍然只能用6分的緊張來應對。相反地，當眾人以7分的緊張程度歡聚一堂，他們的緊張程度卻往往只有3分，與現場熱鬧的氣氛格格不入。在眾人喝酒聊天的場合中，他們有時會覺得自己宛如漂浮在半空中俯瞰全場，無法打進朋友圈。

在小學階段，他們的人際關係通常不大會出問題，這是因爲幼年期的人際關係相對比較單純，即使有問題也不明顯；然而等到升上國中、高中，當事人便會開始跟不上複雜的人際關係，愈來愈不懂得該如何與人相處。

受創者很習慣自己（用理智）努力，想方設法去改善人際關係，但這麼一來，卻反而增強了自己的緊張感，導致身體更無法調節，形成惡性循環。一般人在與人相處的時候，身體會（下意識地）進入自動駕駛模式，但受創者卻是用頭腦思考，以手動駕駛模式與人相處。他們無法體會自己與他人的連結，感受到強烈的孤獨，並且缺乏自信。

症狀⑦　大腦及身體處於興奮或過度警覺狀態

大腦和身體一直處於緊張狀態，無法鎮定下來，也是受創者常見的症狀。這種症狀與過度緊張或過度適應有關，也就是大腦和交感神經隨時在運作，無法冷靜，導致當事人不知該如何放鬆或展現「自然體」。這類個案總是焦躁不安，難以靜下心來處理事情，導致無論在工作或學業上都無法按部就班，有時甚至會出現「想把大腦拿出來沖冰水」的念頭。一旦這種情形加劇，就可能出現類似

ＡＤＨＤ的症狀，有時也會難以入眠、失眠或淺眠。

這種持續緊張、興奮、神經緊繃的狀態，就是所謂的「過度警覺」，代表身心都處於警戒模式。由於個案無法靠意志力讓大腦冷靜下來，爲了讓自己冷靜，可能會仰賴酒精等外在力量，因此過度警覺也是罹患依賴症的主因。他們不但人際關係會變差，在工作上，也如同下面的症狀⑧所述，容易出現失誤或成效低落，導致每天都覺得「活得好累」。

症狀⑧　能力及成效低落

一個人想在職場上發揮實力，就必須確立自我、與他人建立良好的關係、維持穩定的健康狀態，同時也需要適度的緊張與放鬆。然而，正如前述，許多人因爲受到創傷的影響，而不具備這些條件，導致他們無法正常發揮原有的實力。前面介紹過的過度緊張、過度適應、過度警覺、害怕與人相處、缺乏自信、污名感（容待後述）等症狀，都會影響一個人的表現。如果在電腦裡安裝了過多的ＡＰＰ或程式，造成ＣＰＵ過大的負擔，電腦就會跑得很慢；人也是一樣，倘若一直處於緊急模式，造成身心緊張，便無法從容地處理事務。

具體的症狀，包括無法掌握工作的全貌、注意力被所有不規律的事物所吸引，而無法專心思考、無法靠直覺理解事物、不擅處理數字或計算、不擅整理、即使工作的步驟簡單，也因爲莫名缺乏自信而做不好、頻頻因爲粗心而犯錯且難以改善、對記憶力沒有自信等等。

另外，他們也可能對公司欠缺效率的流程感到憤怒，或將對父母的不滿投射到主管或同事身上，因而感到暴躁或想反抗。他們覺得認眞處理眼前的工作是件麻煩事，因此很害怕面對，也常分身乏術。如同第 1 章案例 4 的辰哉先生一般，不知爲何，他們在職場上總是表現出敷衍了事的態度，也或許正因如此，他們始終覺得不管工作資歷多長，都學不到經驗或技巧。

在社會上獲得適切的地位與認可，是人類自我確立的基礎，然而創傷卻會對此造成阻礙。在工作上成效不彰，正是受創者感到「活得好累」的一大原因。

症狀⑨　重現（羞恥、自責等感受）

「重現」是一種創傷記憶突然浮現於腦海，使當事人彷彿再次經歷創傷的症狀。我們常在以戰爭爲題材的電影中看見這類場景：從戰場回來的軍人坐在家中院子裡休息，偶然聽見家裡養的狗穿過草叢時發出的沙沙聲，便立刻回想起戰場上的景象，於是開始呼吸急促、全身冒冷汗——這就是PTSD所引起的重現症狀最典型的例子。

重現有許多不同的型態、程度與現象，想要理解創傷，我們就必須認識日常生活中常見的重現案例。

在日本，根據情節較嚴重的案例，一般會將重現區分爲「言語性重現」、「認知性重現」、「行爲性重現」及「生理性重現」等類別，不過接下來，我將介紹日常生活中更常見的重現症狀。

羞恥及悲慘的重現

首先是「羞恥及悲慘的重現」。受創者覺得自己過去的所作所爲或經驗極度羞恥或悲慘，一旦回想起來，就會當場發不出聲音，或是開始喃喃自語，坐立難安。這類個案大多遭受日常生活中的慢性創傷，例如發展性創傷等。

他們通常不敢看見會令自己想起那些羞恥、悲慘經驗的照片或影片，一旦看見，就會感到困窘，開始冒冷汗，甚至忍不住想大叫。當他們看見別人丟臉或遭到訕笑，自己也會感到羞恥，這種現象稱爲「替代性羞恥（Vicarious Embarrassment）」。例如，當電視節目中出現令他們感到尷尬的畫面，他們就會立刻轉臺。

自責的重現

另一種常見的重現，就是「自責的重現」。受創者一回想起自己過去的言行舉止，自責的感覺就會湧上心頭，他們經常在心中痛罵自己、責怪自己，甚至有些人會脫口咒罵自己「去死」。

不少個案的自責症狀會呈現「半人格化」，也就是彷彿有另一個具備獨立人格的人在責備自己。自責往往是受創者將人生中遭受過的責備、辱罵等加以內化而形成的，比如第1章案例6的瑛先生，就是典型的例子。

一般而言，受創者會想盡辦法躲避各種可能引發重現的狀況，導致他們的行動受到制約。爲了避免重現發作，以及爲了不讓重現發作時自己的反應被別人察覺，當事人會努力控制自己的內心，而這會使他們失去自由且身心俱疲。

事實上，羞恥及悲慘的重現與自責的重現經常同時發生。

例如，一想到過去的失敗經驗，就想要放聲大喊、把臉遮住，或是不由自主地喃喃自語，這些都是羞恥和自責同時出現的重現症狀。若是發展性創傷、複雜性PTSD等慢性創傷的受創者，除了創傷事件本身之外，因爲受到創傷影響而以失敗坐收的經驗、因爲自暴自棄而犯的過錯或是對別人造成的傷害等，也可能會在腦海裡重現。

此外，有些受創者認爲自己的人生從頭到尾都很羞恥，因此就聯想起與創傷毫無關聯的事情時，也會產生負面的情緒。此時，羞恥、悲慘與自責等感受，也會同時襲來。

其他以不同型態呈現的重現

一般認為，反覆思考同一件事情，不斷在腦中模擬演練，也是重現的一種。受創者經常身不由己地反芻過去遭受的精神虐待等屈辱體驗，拚命思索下次該如何應對、如何反駁。當他們遇到與創傷經驗相似的情境，感到恐懼不安時，也會左思右想，在腦中進行模擬。

另一個與重現相關的現象是，有些人會切斷過往的所有人際關係。這是為了避免一接觸到過往的人際關係，就想起當時的悲慘經驗。

此外，有些重現會伴隨著某種情緒出現，例如不安或憤怒的重現。此時，不安或憤怒等情緒會排山倒海而來，無法控制，有時還會導致恐慌症狀。由於這些症狀幾乎是在無意識的狀態下出現的，因此就連當事人也不清楚自己心中為什麼會湧上這些情緒。許多人認為這是情緒失調的問題，但其實應該視為重現的一種。

有些受創者會突然暴怒（行為性重現），或是身體上浮現過去受虐的痕跡（生理性重現）。曾遭受性騷擾的人，可能會因為感受到異性的氣味或看到異性的某些舉動，就忍不住作嘔或心悸。

我在後面也會詳細說明，當重現狀況太嚴重，還可能出現類似恐慌的症狀。某些較爲嚴重的案例，在重現發作時，甚至連人格都會改變，若再加上負面認知，將會導致認知與記憶扭曲。例如個案在接受診療時明明一切正常，卻在事後抱怨醫師或諮商師的態度、言詞惡劣，這種狀況，應該也是重現導致的認知與記憶扭曲的現象。

症狀⑩　世界觀扭曲而複雜

一般人的世界觀很簡單：討厭就是討厭，奇怪就是奇怪，快樂就是快樂；然而受創者的世界觀卻既複雜又扭曲。

例如，遇到不合理的事情時，受創者會認爲「必須忍受這個不合理的待遇，自己才能有所成長」、「就算不喜歡，也不能逃避」、「行事愈不合理的人，其實人愈好，而且愈有愛」；就算對方一臉高興，受創者也會沒來由地暗忖：「說不定他其實在生氣」。

這正是受創者常見的想法。因爲長期以不合理態度對待受創者的人，爲了正當化自己的行為，往往會瞎扯一些歪理，諸如「因為你是壞孩子」、「我是因為愛你才這樣對你」等等，這些說法會對受創者造成極大的影響。

而受創者為了緩和自己遭到不合理對待的痛苦，或合理化對方的行為，也會幻想「只要我當個乖孩子就沒事了……」、「其實爸爸、媽媽是很愛我的……」。

一方面遭受不合理的對待，一方面又將其合理化，導致受創者對這個世界的看法也變得扭曲而複雜。長期處於這種狀態下，他們的價值觀扭曲、變得情緒化，也是無可厚非。他們無法坦率地表現自己，失去自我，連自己的想法或感情都無法掌握，總是顯得焦躁不安，彷彿活在一個永遠不能安心的世界裡。

症狀⑪　人我界線模糊

創傷會導致人我界線變得模糊。許多受創者因為焦慮型依附或遭受不合理對待，使得自我領域受到侵犯，導致他們抓不到人我之間應有的距離及責任的範圍。

在過度適應的影響下，受創者會把他人的情緒或應該扮演的角色，都當作自己的責任，同時也會過度揣測對方的想法，將干涉別人視爲理所當然。他們認爲在人我之間劃清界線，是一種冷漠的負面行爲，許多受創者直到被諮商師指出這一點，才驚覺自己心中的人我界線竟如此模糊。

人我界線模糊，可能會導致更嚴重的精神虐待。此外，在人我界線模糊與創傷者身上常見的單一價值觀的影響下，當事人也很容易過度干涉他人。就像第1章案例5的奈美小姐，他們容易對人感到煩躁，或是被人牽著鼻子走。

症狀⑫ 理想主義

過度理想主義也是受創者的特徵之一。由於長期承受外在的壓力和不合理的對待，他們心中最理想的狀態，就是超脫那種卑劣的人性。他們認爲，不會也不想變成那樣的自己，是非常高潔的。

比起一個多元化、多樣化的世界，他們更希望世界由某種單一的理想所統治，假如現實不符合他們心中那種單一的理想，他們就會感到煩躁或憤怒。這種理想主義的態度，很可能招致他人的反感或畏懼。

理想主義是爲了逃避現實生活中「活得好累」的感覺而存在的。身上沾滿世俗的污垢，在現實中一步一步前進，令他們極度不安、害怕，因此理想主義也可說是他們想要一舉超越現實的心願。

爲了符合理想主義，他們基本上會將人視爲一種「了不起的存在」，有時也會把名人或身邊的人當作榜樣。正因爲把人視爲「了不起的存在」，所以他們很容易被別人牽著鼻子走。

此外，他們也會期待有人能夠百分之百理解自己「活得好累」的心情。

抱著理想主義的他們，無法正確地認識現實世界，也很難在現實世界裡累積成果，同時他們也覺得日子平凡又無聊，因此喜歡尋求刺激。

症狀⑬　不懂潛規則，被人牽著鼻子走

受創者通常不清楚社會上的潛規則，而把別人的表面話當眞。因爲過度適應，他們習慣揣測對方的情緒，但這反而導致他們無法眞正理解對方的心情，不

懂得察言觀色。

無論在職場上或私人生活中，他們都聽不出弦外之音。由於喪失自我、害怕被拋棄、人我界線模糊、過度認眞，他們總是只照字面上的意思去理解，彷彿把言語視爲客觀的事實。

再加上理想主義的影響，他們有時會因爲太過死腦筋而吃虧，或是遭到誤解。這種現象，其實也是他們對父母等壓迫者的反彈。他們推崇實話實說，認爲「眞心比形式重要」，覺得場面話並不眞誠。有些人則因爲懷抱著理想主義且瞧不起形式，導致無法適應公共禮儀等社會規範（protocol），而遭到誤解。

單就「無法理解潛規則」的症狀來看，這確實很類似發展障礙，因此許多受創者會懷疑自己可能是發展障礙。要掌握社會上的默契，就必須擁有安心感、安全感及從容的身心狀態，而這正是受創者所欠缺的。

與身邊的人建立良好的關係，是學會潛規則的不二法門，然而受創者卻無法做到這一點，於是陷入惡性循環。

症狀⑭　沒有自信，充滿自卑感

創傷造成的影響當中，最嚴重的就是毫無來由的沒自信。當事人自己也不知道爲什麼，總之就是缺乏自信，老是覺得自己有錯、覺得自己一無是處。他們認爲自己像個贗品，既污穢又罪孽深重，彷彿身上有某種無法消除的烙印（Stigma）。有時他們也會覺得自己似乎一直都在傷害別人，或即將傷害別人，抱有罪惡感，因此不管在職場上或私人生活中，都會顯得畏畏縮縮。當他們發言時，也會覺得自己彷彿哪裡出了錯，只要遭到一丁點反駁，就會自暴自棄。

這種缺乏自信的心理屬於存在（Being）層次，無法靠行動（Doing）層次的成果來填補，因此他們即使在工作或學業上獲得成功，或是努力維持正向樂觀，缺乏自信的情形依然難以改變。

如同第1章案例6的瑛先生，縱然擁有傲人的學歷和人人稱羨的工作等具體成績，卻仍然莫名地毫無自信，令人不禁納悶。不論擁有多少知識、不論付出多少努力，他們永遠害怕被人批評、否定，或是擔心自己會輸給某種巨大的力量。

他們的自我建構沒有穩固的基礎，始終站不穩腳步，因此實力明明有目共睹，他們卻不斷懷疑自己、怪罪自己。

相反地，有些案例則是莫名充滿自信到傲慢的地步。他們自詡爲菁英，瞧不起別人，同時卻又缺乏自信，對他人極度謙卑。因爲他們沒有穩固的自我，無法信賴自己。

症狀⑮ 無法自我揭露，沒有自己的人生

受創者通常不喜歡自我揭露，他們會盡量避開必須表達眞實想法的情境，因爲他們害怕一旦揭露自己的內心世界，就會無預警地遭到攻擊或批判。在職場上，他們也會盡量逃避需要承擔責任的職位。

他們覺得無法開創屬於自己的人生，一旦走上自己的路，就會遭到攻擊，自己的存在就會被抹煞。他們就算想擁有自己的人生，也無法跨出第一步，因此無所適從。

症狀⑯　過度客觀，無法用自己的價值觀做判斷

喪失自我的受創者還有一個特徵，那就是「過度客觀」。當遇到事情時，他們不會依照自己的情緒或想法（主觀）來反應，而是不自覺地思忖「別人會怎麼做」。

即使在可以合理宣洩不滿的情況下，他們也會告訴自己「世界上還有更慘的人」。在人際關係中，就算遇到不合理的狀況，他們也只擔心吵架會造成兩敗俱傷，並認爲自己也有不對的地方。

他們認爲世上存在某種絕對的標準，自己非遵照它不可，然而實際上當然沒有什麼絕對的標準，因此到頭來，他們往往只是服從講話最大聲的人，陷入被別人不合理的想法或情緒牽著鼻子走的窘境。

每個人都應該用自己的價值觀或想法來選擇人生，但受創者卻做不到，他們總是用外在的標準來檢視自己的選擇是否正確，沒有自信，另外也經常無法拒絕別人的邀約。

過度客觀的另一個原因，是對加害者的反彈，或是將加害者視為一種負面教材。造成創傷事件的始作俑者，行為總是「主觀」且「情緒化」，受創者對此感到厭惡，因此抗拒變得和他們一樣。此外，受創者鄙視主觀與情緒，認為自己高潔而客觀。

症狀⑰ 時間的主導權被剝奪——假性成熟、時間停滯不前、充滿焦躁感

創傷會讓時間停滯不前。跟同年齡的人相比，受創者會覺得自己比較幼稚，有些個案實際上看起來也真的比較年輕。他們的想法較不成熟，面對同年齡的人，也不知為何總會覺得矮人一截。

相對地，有些個案則是莫名早熟。受創者可能因為在童年時期遭受過大人不合理的對待，或是為了熬過壓力，而出現過度適應、早熟的狀況。

健全的成熟，必定會經歷一段為了滿足自我而放縱任性的時期或叛逆期，但

受創者因爲過度適應環境的緣故，只能達到表面上的「假性成熟」，而無法眞正地成熟。

如第2章所述，創傷的症狀之所以與發展障礙酷似，是因爲以時間的觀點來看，發展障礙是發展較爲遲緩，而創傷同樣會造成時間感扭曲，使當事人成熟遲緩或一直停留在幼稚狀態的關係。

此外，由於記憶始終沒有更新，使得受創者對世界和他人的觀感也一直停留在當下。受創者的特徵除了喪失自我之外，對時間的主導權、主體感也會被剝奪，例如，就算是自己經歷過的人生，也無法以自己爲主角來解讀。他們內心充斥罪惡感或恥辱感，沒辦法檢視過去發生的事情，從中篩選出有意義的部分，而只能依據別人的想法和價值觀來解釋自己的過去。這些都是受創者喪失自我的主要原因。

受創者也常爲強烈的焦慮、急躁所苦，總覺得好像非得做些什麼來提升自我，不能過得太輕鬆愜意。他們永遠在擔心未來，而無法專注於眼前的事物，抓不到時間穩定流逝的感覺。

人生有時需要等待機會或巧合的來臨，但受創者無法耐住性子靜候時機。現實世界複雜而多元，同時充滿了偶然，然而在創傷的影響下，他們不相信人生必有高低起伏，總是短視且悲觀地推斷事情的結果。正如前述，他們的經驗無法累積，甚至無法感受自己過往的人生，是以自身爲主體堆疊而成的，也沒有日益成熟的感覺。

在高中、大學時期，這些問題大多還不會顯現出來，因爲在求學階段有升級、升學這種單一的軌道可依循，即使沒有掌握時間的主導權，也不用煩惱接下來該走的路，而且可以靠努力獲得成果。然而一旦出了社會，就必須從無數的選項中挑選自己要走的路，這使得喪失時間主導權的受創者陷入焦慮，無法在社會上順利發展。此外，他們也很常被周遭親友的意見影響。

症狀⑱ 喪失記憶，想不起過去發生的事

受創者遭逢巨變後，爲了保護自己，有時會喪失記憶或想不起該創傷事件，

這種症狀稱爲「解離性失憶症（Dissociative Amnesia）」。這是一種因爲壓力過大，導致身體自動鎖住記憶的現象，就像船體破裂時，必須封住艙壁，才能保住整艘船不至於沉沒，同樣地，失憶亦是一種人類在受到巨大衝擊時保護自己的機制。

一般而言，治療師在諮商時都會詢問個案過去發生的事件，若個案對過去的記憶太過稀薄，就必須懷疑是記憶受到了壓抑。

創傷並非特定事件

有時個案會問：「我的創傷究竟是什麼？」這是一種常見的誤解。基本上，創傷並不是某個特定的事件，我在第4章將會詳述，創傷其實是一種「壓力症候群」。一般而言，煩惱通常源自於眾多因素，在臨床上也幾乎沒有因爲特定單一事件造成創傷的案例。

因此，要克服創傷，其實並不需要設法恢復記憶，或找出究竟是什麼特定事件造成創傷。就算找回了記憶，創傷也不見得會康復，而且太勉強自己去回憶，反而可能會出現虛假記憶（事實上根本沒發生的錯誤記憶）的問題。

特別是發展性創傷。我們必須理解，發展性創傷肇因於長期存在於日常生活中的壓力，換句話說，造成發展性創傷的並不是突發的重大事件（若以動物爲例，也就是並非被獅子襲擊），而是一點一滴對當事人造成傷害的日常事件（同樣以動物爲例，就像在不習慣的環境下生活），這才是所謂日常生活中的創傷。

症狀⑲ 不知道自己的情緒，也無法好好表達

創傷帶來的影響，還包括搞不清楚自己的情緒，以及無法確切地表達情緒，也就是感情、表情和態度都無法同步。受創者往往不知道自己的感受，並且沒有自信。

在必須表達意見的場合中，他們也會不自覺地推測別人的想法，思忖「一般人會怎麼想？」、「其他人感覺怎麼樣？」他們不擅於自己做決定，就算要自己做決定，也必須花很多時間。有些人甚至連自己喜歡什麼、討厭什麼，都無法判斷。

倘若當事人曾因爲坦率表現出自己的感情而遭到揶揄或壓迫，或是沒來由地

害怕自己會傷害他人，那麼就算遇到應該生氣的事情、就算內心怒不可遏，他們也不敢表現出來。他們往往無法自然地展現怒氣，只有在被逼到絕境時，才會理智斷線，一次爆發。另外，有些人憤怒的時候反而會笑。

就算腦中有畫面，也無法化作言語

研究發現，受創者一旦回憶起創傷事件，大腦語言中樞的功能就會變得低落，就算腦中有畫面，也無法順利用言語來表達自己的狀況或經驗，導致他們難以將「活得好累」的感覺或煩惱告訴身邊的親友。在喪失自我的影響下，有些人甚至連自己的意見或情緒也無法化爲言語，影響日常生活的溝通。這種現象，也會使受創者與周遭的人產生隔閡，感到孤立無助。

彷彿坐在一架壞掉的機器人裡

有時受創者的想法與對方接收到的訊息，也會出現落差。說得極端一點，就是受創者無法將自己悲傷的心情傳達給對方，有時明明喜歡對方，表現出來的態度卻讓對方以爲自己討厭他。

不論在什麼情況下，受創者都很容易說出連自己都嚇一跳的違心之論，因此旁人的感想有時會令他們一頭霧水。例如，旁人可能會問受創者：「你是不是討厭我？」或是無論受創者高興或難過，旁人的評語都是：「你看起來好淡定喔。」

受創者簡直像是坐在一架壞掉的大型機器人裡面，看不見外界的狀況。換句話說，雖然他們操縱著一架名為「自己」的機器人，他們的意圖卻與表現出來的行為舉止不一致。這種症狀若變得嚴重，就會出現「解離」、「人格解體」等症狀。

以結果而言，他們往往為了避免失禮而過度顧慮他人，導致自己疲憊不堪，進而產生對人際關係更頭疼、過度適應、欠缺自信、無法相信自己的感受等情況。

症狀⑳　人格解體，缺乏現實感

不少受創者苦於「覺得自己不是自己」、「彷彿總是從外面看著自己」、

「覺得自己跟世界之間隔著一層薄膜」、「覺得這個世界很不眞實」等感受。

每個人的症狀輕重不一，若症狀嚴重，便可懷疑是解離性障礙。而儘管症狀沒有那麼明顯，在諮商時表示「沒有現實感」的個案，其實也不在少數。

即使是身心健康的人，在遇到令人震驚的事件時，也會顯得茫然，短暫地出現相同的症狀，但受創者卻是隨時隨地處於這樣的狀態。

症狀㉑　高度敏感或感覺遲鈍

受到創傷的影響，有些人的感覺會變得過度敏銳。他們不喜歡光線、聲音或特定的氣味，吹到風或淋浴時皮膚會感到刺痛，身體被碰觸也會使他們痛苦不堪，有些人甚至連有別人待在身旁，都無法忍受。近年被認爲是ＨＳＰ（高敏感族群）的案例中，或許也有肇因於創傷的個案。

相反地，有些受創者則會出現感覺遲鈍、與外界像是隔了一層薄膜的症狀，而這種症狀的成因，可能是上述的人格解體或解離。一般人應該已經感到痛的事情，他們往往無動於衷，而且他們不知疲勞爲何物，不停工作，直到體力透支而倒下。在與人溝通時，他們也總是慢一拍，無法立即做出反應。他們通常不知道自己的感受，也回答不出來。

目前已知發展障礙也有高度敏感及感覺遲鈍等症狀，而創傷也會導致相同的狀況。

症狀㉒ 因內心衝突或重現而產生的恐慌

近年來，社會大眾對恐慌症愈來愈熟悉，許多名人也公開坦承自己爲恐慌症狀所苦。或許各位的朋友或家人當中，也有人爲此而煩惱。

其實許多恐慌症狀都是因創傷而起的。過去人們以爲恐慌是一種毫無預兆、突然發生的內因性恐懼症，然而透過大量的臨床案例，我們發現不少個案是因爲內心產生衝突或重現，而出現此症狀。

源自內心衝突的恐慌

最常見的恐慌類型就是「內心衝突造成的恐慌」。此類個案大多長期處於在人際關係方面飽受壓力的環境下，身邊的人情緒陰晴不定、言行不合理或對當事人進行精神虐待。為了應付對方喜怒無常的言行，他們必須強迫自己同時接受兩種互相矛盾的價值觀，這種內心的衝突正是恐慌的起因。

如果在電腦上輸入互相矛盾的算式或指令，電腦就會畫面凍結或當機，而人類也一樣。如同試圖解開矛盾的連立方程式一般，這種恐慌的症狀，就是當事人將外在環境中不合理又複雜的狀況加以內化，所導致的結果。

有些受創者會因為恐慌發作而被送醫急救，但通常做了檢查，也找不到身體有什麼異狀（有時當事人的心跳、血壓、血糖等數值會突然飆升），像第1章案例8的梨繪小姐就是一例。此類個案有時會被診斷為恐慌症，但根本原因其實是內心的矛盾與衝突。

重現造成的恐慌症狀

重現症狀較為嚴重時，也會引發恐慌。重現發作時，可能會出現過度換氣或盜汗等症狀，當事人就醫時也很容易被診斷為恐慌症，但實際上這與恐慌症分屬不同問題，應該視為「重現造成的恐慌」較為貼切。

症狀㉓ 「無限」的世界觀

健全的世界是以一種有限的循環構成的，例如一般人在活動了一整天之後，會略感疲累，於是透過用餐、洗澡和睡眠來獲得休息，等精力恢復之後，再展開第二天的活動。人們不喜歡不適合自己的事情，很多事情做過頭了會覺得膩，而且永遠會產生新的興趣，過往的記憶會隨著時間逐漸淡去。在人際關係方面，一般人能意識到每個人扮演的角色界線在哪裡，知道施與受（Give and Take）同等重要，同時很清楚人我之間責任的區分，不會過度干涉他人。

然而受創者眼中的世界卻恰恰相反，他們認爲世界是「無限」的、不會更新的。例如，他們「無限」地執著於人情義理，「無限」地抱有責任感或罪惡感。

在健全的世界裡，人們會設法讓施與受達到平衡，可是對受創者來說，施與受的界線是模糊的，他們甚至認爲討論施與受是冷酷無情的，必須「無限」地付出才對。他們崇尚「無限的愛」或「永遠的友情」等「絕對」的事物，因爲這才能令他們感到安心。

在人際關係中，他們會極力避免分手，因爲他們不懂該怎麼結束一段關係。他們也很難遠離與麻煩人物，經常被玩弄於股掌之間。

受創者往往會把別人的問題當成自己的責任，再加上害怕被拋棄，因此總是試圖「無限」地維持雙方的關係，而這也是陷入共依附（Codependency）或遭到精神控制的主因，因爲他們不知道健全的世界是如何運作的。

此外，受創者似乎不知疲勞爲何物，認爲堅持不懈是一件好事，總是拚命工作，直到搞壞身體。他們的大腦和身體變得過度警覺，產生過動的現象，沒辦法自然地取得休息與活動之間的平衡。

他們認爲世界是「無限」的，因此也覺得悲觀的想法、情緒和症狀永遠都不會消失，「活得好累」的感受和種種煩惱，都是絕對無法越過的高牆。他們的記憶沒有獲得妥善的處理，不斷以同樣的清晰度一再浮現，而他們的人際關係也不會拓展，使他們以爲過去那種令人厭惡的狀態將會持續一輩子。

創傷或自卑感引發的依賴症或飲食障礙症，正是典型的「無限」概念。

肇因於創傷的其他症狀

除了前面介紹的症狀之外，還有許多其他因創傷而起的症狀。

在生理方面，包括睡眠障礙、全身不適、頭痛、腰痛等身體的疼痛、自體免疫疾病、糖尿病、心肌梗塞、腦中風、罹癌風險增加等等。

在精神方面，包括憂鬱情緒、焦慮症、情緒失調、強迫症、割腕等自殘行爲、自殺念頭、人格障礙、飲食障礙、躁鬱症、解離性障礙（較嚴重的個案會出現解離性身分障礙）等。避免回想起創傷事件的「逃避」症狀，也很常見。另外，像第1章案例7的健洋先生罹患的各種依賴症，也是創傷導致的症狀。

有些症狀嚴重的個案甚至無法持續諮商，就此流失。

根據不同症狀，個案的診斷名稱也各有不同，然而這些症狀背後的因素，往往都是創傷。

被診斷為其他疾病，但事實上起因於創傷的案例

隨著創傷逐漸爲大眾所理解，人們開始思考：以往被視爲其他精神障礙、精神疾病的症狀，會不會其實都源自創傷？

例如，出現幻聽、妄想症狀而被診斷爲思覺失調症的個案，或許是因爲受虐而產生「言語性重現」；被診斷爲憂鬱症的個案，可能是因爲創傷而產生憂鬱情緒；被診斷爲恐慌症的個案，其實是因爲重現或內心衝突而恐慌發作。

現在，我們知道酒精依賴症等病症，與家庭環境的影響密切相關。許多被診斷爲人格障礙的個案，可能也是因爲創傷而自我否定、認爲自己毫無價値，並表現在行爲上。

以「承認創傷存在」為前提的診斷與治療

未來在臨床心理與精神醫療領域，以「假設個案抱有創傷」爲出發點進行診

療，或許會成爲一件理所當然的事情。正如同神田橋條治醫師等專家提倡的：「初次看診時，就應該預設所有的個案都是『複雜性PTSD』。」（《複雜性PTSD的臨床（暫譯）》，原田誠一編，金剛出版）

先預設個案的症狀可能來自於創傷，可以讓我們對疾病有更正確的理解，並提供更適切的治療。事實上，目前在醫療、長照、社福等領域，皆相當重視「創傷知情照護（Trauma-Informed Care）」，也就是釐清導致該症狀或行爲的創傷，再予以協助。

基於上述觀點，也有人倡議：我們不應該像過去一樣將創傷的症狀分開看待，而應該將其視爲一種具有連續性的光譜（Spectrum）。我們可以推測，未來很有可能會發展出「創傷及壓力相關光譜障礙」的概念。

綜上所述，可知創傷的影響範圍極爲廣泛，而且就在你我身邊。在下一章裡，我將更進一步說明，讓各位能更輕鬆地理解創傷。

第4章
認識創傷
——壓力症候群、精神虐待所導致的創傷

想徹底了解創傷，必須花一些工夫。因為正如第1章所述，創傷的相關研究始於大規模意外事故及戰爭，接著才從人們可理解的部分開始慢慢概念化。許多人都曾有過的「活得好累」的感受，也是直到近年才終於受到關注。

正因如此，一旦搞錯了切入點，可能就會覺得創傷彷彿是一種既遙遠又難懂的概念。

在這一章裡，我將透過具體的說明，幫助各位深入了解存在於你我身邊的創傷。

不應將心理創傷稱為「心靈的傷」

不少人喜歡用「心靈的傷」這種字眼來描述心理創傷。這固然沒有錯，但「心靈的傷」的說法，其實是阻礙社會大眾理解創傷的原因之一，因此我總是呼籲不要用「心靈的傷」來表示創傷。我之所以這麼主張，有幾個理由。

首先是因為使用「心靈的傷」來敘述，會形成一種同義反覆（Tautology）。

「Trauma」是希臘語中的「傷」，但原意並非心靈的傷，而是皮肉傷（外傷）的意思，因此在國外，以「Trauma」為名的醫療單位大多是外科。

假如把「Trauma就是心靈的傷」譯回外語，會變成「傷就是心靈的傷」這種令人費解的同義反覆句。在日語裡也是一樣，儘管可以大致抓到意思，卻無法精確理解。「心靈的傷」只是在初期被創造出來，並沿用至今的一種比喻而已。

另一個理由，是這個說法會阻礙創傷的應用及發展。受創者及治療師在治療創傷時，通常會先建立假設，再設法解決問題。換句話說，在治療的過程中，必須反覆推測哪些因素會帶來影響、在哪些狀況下會出現症狀。因此，我們採用的診斷名稱或概念名稱，也必須讓人從字面就能體會其機制，且能廣泛地加以應用並持續發展才行。

然而「Trauma就是心靈的傷」這種說法，並無法達到上述的效果。我們不但無法藉由名稱推想其機制，更無法據此掌握治療的要點，在思考令受創者痛苦萬分的症狀或問題與創傷有何關聯時，也毫無助益。將創傷視為「心靈的傷」，反而只會限縮想像的範圍，甚至使人們對創傷產生誤解。

更嚴重的弊害，就是受創者實際上的症狀（如第1章、第3章的例子）並不符合「心靈的傷」這種描述，導致個案無法察覺問題，錯失解決問題的良機。事實上，的確有許多個案不曉得自己那種「活得好累」的感受，其實源自於創傷。

話說回來，「心靈的傷」也有貼切的地方。首先，正如我在第2章所介紹的，根據腦科學專家的研究，我們已知創傷眞的會造成大腦的損傷。若將大腦視爲「心」，那麼「心」上的確留下了可稱之爲「傷」的痕跡。其次，則是因爲創傷的另一個特徵，就是與精神虐待密切相關。

我接下來也將討論到，創傷實際上會影響的並不只大腦，還包括自律神經與人際關係等等，涵蓋生活中的一切。此外，精神虐待會在無形之中削弱一個人的主體性，而這種狀況，光靠「心靈的傷」一詞是無法完整表述的。若繼續使用「心靈的傷」這種措辭，上述種種問題恐怕會遭到忽視。

創傷就是「壓力症候群」

究竟要怎麼樣才能正確地理解創傷呢？首要之務，就是認清「創傷就是壓力症候群」。使用壓力症候群這個名稱，不但簡單易懂，後續的治療也會比較容易進行。

現在一般精神科醫師及諮商師皆會參考的美國精神疾病診斷準則手冊（DSM），也從第五版開始將PTSD等疾病歸類爲「創傷及壓力相關障礙症（Trauma- and Stressor-Related Disorders）」（第四版則是將其歸類在「焦慮症（Anxiety Disorders）」項目中）。

早已習慣將創傷歸類爲壓力症候群的人，或許會覺得：「怎麼拖了這麼久才做出正確的歸類？」然而這個觀點在過去其實並非理所當然。因爲壓力研究與創傷研究一直以來都被視爲毫不相關的領域，兩者之間完全沒有交流。

在一九九六年出版，由范德寇編著的《創傷性壓力（暫譯）》一書的「壓力與創傷性壓力的比較（Stress versus Traumatic Stress）」章節中，也提到「創傷性壓力研究，是從以往的『壓力及其對應』相關研究中獨立出來的領域」、「儘管一直有人試圖將『壓力』研究與『創傷性壓力』研究加以連結（中略），但這兩種領域之間幾乎未曾交流」。

兩種研究各自獨立發展一段時間後，人們透過壓力模型，漸漸開始了解創傷。到了近年，則是由前面介紹的多重迷走神經理論將創傷研究與生理學結合。

將創傷歸類為壓力症候群的好處

將創傷歸類爲壓力症候群，對受創者與治療師而言都有極大的益處。

第一個原因，是因爲創傷影響的層面並不僅限於心理，還包括大腦、自律神經、內臟等，範圍遍及全身。將創傷視爲壓力症候群，也比較符合實際狀況。

第二個原因是，如此分類將更有利應用及發展。將創傷視爲壓力症候群，有助我們理解其機制，受創者與治療師在診斷及規劃治療方向時，也能兼顧心理及生理，更有創意且靈活地應用各種療法。

第三個原因，是因爲壓力一詞貼近人們的日常，而且帶有連續性的含義。即使受創者本人不是相關領域的專家，也應該對壓力這個字眼相當熟悉，此外，壓力的種類繁多，包括日常生活中的壓力，以及重大災難或戰爭造成的非日常性的壓力，因此使用壓力一詞，可幫助人們理解「創傷是發生在日常生活中的連續現象」（再加上創傷的另一個特徵——精神虐待，創傷的概念便容易理解）。

在人們將創傷視爲「心靈的傷」的時代，就連治療師也很難理解創傷的機制，他們認爲創傷是只有專家才能應付的特殊狀況，對其敬而遠之。不過，如果將創傷定義爲「壓力症候群」，一般的治療師便更能掌握治療方法，治療的機會可望大幅增加。

壓力究竟是什麼？它如何影響我們的身心呢？接下來我將簡單說明。

何謂壓力？

壓力學與創傷一樣，是一個研究歷史尚短的領域。「壓力（Stress）」一詞原爲物理學及工學領域的用語，意爲「扭曲變形」，後來才應用在生物學領域。一般認爲這個詞彙是在一九二〇年左右，由美國的生理學家華特・坎農（Walter Bradford Cannon）首度使用於醫學領域。

在生物學上，壓力意指「有機體的反應」，會造成壓力的刺激稱爲「壓力源（Stressor）」。在一九三〇年代，加拿大的漢斯・薛利（Hans Selye）正式使用「壓力」一詞，提出一個有系統的壓力理論。

壓力對生物的影響

包括人類在內，所有的生物都具備一種「當外部環境變化時，仍能維持內部環境」的功能，稱爲「恆定性（homeostatic）」。一般認爲，生物在面對壓力源時所做出的反應，也是一種維持恆定性的功能。人類可以透過自律神經系統、內分泌系統和免疫系統等三種調節系統來處理壓力。

面對壓力的反應歷程

薛利將生物面對壓力時的反應分爲「警覺反應階段（Alarm Reaction

Stage）：震撼期（Shock Phase）／反擊期（Countershock Phase）」、「抗拒階段（Resistance Stage）」、「衰竭階段（Exhaustion Stage）」等三個階段。

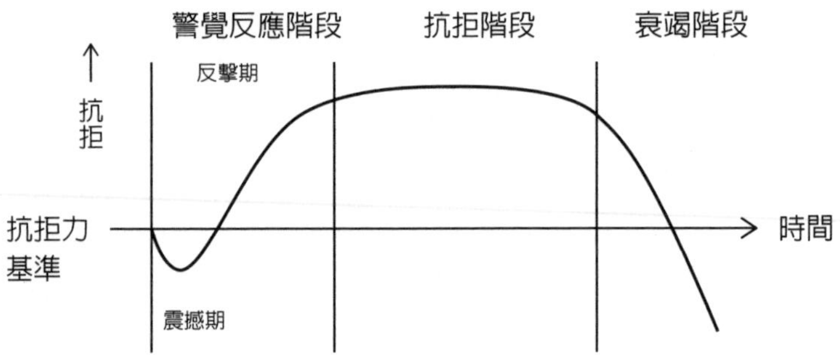

面對壓力的反應歷程

面對壓力時，首先身體會受到震撼，體溫、血壓下降，神經活動受到抑制，肌肉變得鬆弛，淋巴結萎縮（警覺反應階段・震撼期）。接著，抗拒力開始發揮作用，體溫、血壓、血糖上升，肌肉恢復緊繃，免疫力提高（警覺反應階段・反擊期）。

應付壓力的荷爾蒙可大分爲兩個系統，第一種是下視丘——交感神經——腎上腺髓質（SAM軸）。下視丘刺激腎上腺髓質，促使腎上腺素分泌；腎上腺素讓心跳加速、支氣管擴張，將血液與氧氣送到全身，同時將肝醣轉化爲葡萄糖，分解脂肪，提供人體能量。

另一種則是下視丘——腦下垂體——腎上腺（HPA軸）。腎上腺接收下視丘的指令後，就會分泌俗稱壓力荷爾蒙的皮質醇。皮質醇會儲存肝醣和脂肪，補充能量，並能將白血球送至感染或受傷的部位，抑制過度的免疫反應。

接下來就會進入持續抗拒壓力的狀態（抗拒階段）。

然而，倘若壓力持續存在，身體就會開始感到疲勞，再也無力抗拒，使得維持恆定性的功能減損（衰竭階段）。皮質醇不斷分泌，將導致肥胖、肌肉或骨骼中的礦物質減少、免疫力下降等問題，使人變得容易感冒或罹患其他疾病。此外，處理壓力的三種調整系統的功能也會降低，人除了生病之外，最壞的情況甚至可能會死亡。

哪些因素會造成壓力？

有關日常生活中哪些事件會造成何種程度的壓力，可以參考社會學家福爾摩斯（T. H. Holmes）與拉赫（R. H. Rahe）所提出的「社會再適應量表（The Social Readjustment Rating Scale）」。另外，日本也有一份符合日本社會民情的量表（請參考P.132～134的表）。

由上述量表可知，每個人在日常生活中都可能遇到的些微變化或事件，壓力分數多爲30分、40分，而愈是猝不及防的事件，對人體造成的壓力分數就愈高。

根據調查結果，分析壓力源的總分與精神疾病之間的關聯性（罹患精神疾病的風險），可知得分400分以上的人當中，有78．8％具有罹患精神疾病的風險；300分以上者有67．4％；200分以上者有61．2％；100分以上者有57．1％；未滿100分者則有39．3％。

最令人訝異的是，即使是得分不滿100分的人，也有將近4成具有罹患精神疾病的風險。由此可知，即使只是日常生活中的小事，只要一再反覆發生，也能輕易破壞一個人的身心平衡。

為什麼斑馬不會得胃潰瘍？

現在我們知道，人類在面對壓力時出乎意料地脆弱，那麼其他動物的狀況又是如何呢？

可以作爲參考的，是壓力學家羅伯特．薩波斯基（Robert M. Sapolsky）的著作──《爲什麼斑馬不會得胃潰瘍？》（遠流）。

正如書名所示，動物並不會像人類一樣遭受心理創傷，例如斑馬若被獅子襲擊，在那一瞬間血壓會上升，也會分泌壓力荷爾蒙，立刻拔腿逃命，不過一旦脫離了危機，壓力荷爾蒙的數值就會下降。換言之，動物並不會因爲擔心再次遭到襲擊而心煩意亂，也沒有重現的症狀。

受薪階級生活事件（壓力評分）表

（引用自大阪樟蔭女子大學名譽教授夏目誠的研究）

排名	壓力源	壓力分數
1	配偶死亡	83
2	公司倒閉	74
3	親人死亡	73
4	離婚	72
5	夫妻分居	67
6	跳槽至其他公司	64
7	本人生病或受傷	62
8	太忙碌導致身心過勞	62
9	積欠300萬日圓以上的債務	61
10	在工作上犯錯	61
11	跨領域轉職	61
12	隻身被派駐外地	60
13	被降職	60
14	家人的健康或行為舉止出現重大改變	59
15	公司重整	59
16	朋友死亡	59
17	公司被併購	59
18	收入減少	58
19	人事異動	58
20	勞動條件出現重大改變	55
21	被調職	54

排名	壓力源	壓力分數
22	與同事關係不佳	53
23	面臨法律糾紛	52
24	積欠300萬日圓以下的債務	51
25	與主管發生糾紛	51
26	因升遷而被調職	51
27	子女離家	50
28	結婚	50
29	性方面出現問題或障礙	49
30	夫妻吵架	48
31	家中增加新成員	47
32	睡眠習慣出現重大改變	47
33	與同事發生糾紛	47
34	搬家	47
35	揹房貸	47
36	子女準備升學考試	46
37	懷孕	44
38	與客戶關係不佳	44
39	工作內容減少	44
40	退休	44
41	與下屬發生糾紛	43
42	過度投入工作	43
43	居住環境出現重大改變	42

排名	壓力源	壓力分數
44	同事減少	42
45	社交活動出現重大改變	42
46	辦公室自動化	42
47	家族成員出現重大改變	41
48	子女進入新學校就讀	41
49	有輕微違法行為	41
50	同事升遷	40
51	科技創新進步	40
52	工作內容增加	40
53	本人升遷	40
54	配偶辭職	40
55	同事沒拿到預算	38
56	個人習慣改變	38
57	個人獲得成功	38
58	配偶開始工作	38
59	飲食習慣出現重大改變	37
60	休閒活動減少	37
61	同事拿到預算	35
62	休長假	35
63	同事增加	32
64	休閒活動增加	28
65	收入增加	25

與人類相比，動物其實並沒有比較特別，所有哺乳類動物處理壓力的過程都是相同的。唯一不同的地方，就是動物只會在當下處理壓力，等恢復正常狀態後，就不會再東想西想。

根據壓力學者的說法，斑馬處理壓力的方式可謂十分理想。相對地，人類智慧高度發展的代價，就是會擔心未來又發生相同的事情，或是對過去的行爲感到後悔。即使眼前並沒有任何物理性的威脅，人類單憑想像也會產生壓力。也就是說，高度的精神活動，使壓力變得慢性化、長期化。

生物不擅應付非預期的壓力

即使是面對瀕死壓力也無比堅強的動物，若長期面對非預期的壓力，身體也會垮掉。

例如，與獅子棲息在同一地區的長頸鹿，由於對聲音極度敏感，又很神經質，因此很難人工飼養。在動物園裡，只要出現持續性的壓力源，比方說些微的噪音，就可能對長頸鹿的健康造成危害。馬也是眾所皆知的高敏感動物，據說賽馬被運送到外地比賽時，若在運送過程中感到壓力，就無法發揮實力。

壓力理論之父漢斯・薛利（Hans Selye）發現壓力的契機，就是在因緣巧合下，造成了一個「非預期壓力長期持續」的狀況。

據說薛利雖然身為壓力理論的重量級學者，但他其實不太擅長抓實驗用的老鼠，經常追著老鼠跑，或不小心讓老鼠摔到地上。某天，他發現老鼠的消化器官出現潰瘍，腎上腺也有腫大的現象。

當時薛利欣喜不已，以為自己發現了讓老鼠產生變異的未知荷爾蒙，事後得知那並非未知荷爾蒙時，還一度非常失望。然而事實上，他的發現遠比未知荷爾蒙還要重大——原來使老鼠產生變異的原因，是一種名叫「壓力」的心理負擔。換言之，薛利的笨手笨腳對老鼠造成了非預期的心理負擔，於是促成了壓力的發現。

由上可知，生物處理壓力的機制，基本上只適用於短期壓力，若面對持續性的壓力，就只能不斷反覆進行短期處理。這種處理方式不但缺乏效率，更會對身體造成負擔，形成潰瘍，內臟器官也疲累不堪。看來生物的體內並沒有針對持續性壓力的處理機制。

在壓力下展現出的堅強與脆弱

正如日語的「火場怪力」一詞，人類在面臨突如其來的危機時，會發揮出超乎想像的強大力量。例如，一般認爲災難發生後會有「英雄期」與「蜜月期」，人們在這個階段會做出充滿勇氣的舉動，展現出堅定的向心力。

此外，即使遭遇天災等巨大壓力，大多數的人也會自然地慢慢復原，不會出現PTSD症狀。然而，倘若壓力持續存在，又缺少適當的支援與協助，受難者便可能陷入憂鬱。

長期負責日本自衛隊精神醫療的福間詳醫師表示，戰爭導致的壓力症候群，其實大多是因低風險壓力（低強度的持續性壓力）而起。精神醫學界至今仍認爲只有高強度壓力會造成PTSD，但福間醫師對此提出了異議（福間詳《詳說壓力（暫譯）》中公新書）。

動物就算遭到獅子襲擊，也不會罹患胃潰瘍，但假如長期處於壓力下，即使壓力本身強度極低，也可能導致危及性命的結果。根據前述的壓力模型，可知一旦壓力長期持續，生物的反應就會進入「衰竭階段」。

如上所述，在討論非預期且長期持續的壓力時，「時間長短」帶來的影響並不如想像中單純。因爲以結果而言，壓力持續的時間長短會改變生理機制運作的前提，也就是遊戲規則。動物擁有適應短期壓力的機制，因此在短期壓力下，看起來似乎沒有問題；然而一旦前提改變，各種問題便會浮上檯面。

提到壓力，一般人往往以爲關鍵在於強度的大小，但只要在生理機制預期的範圍之內，動物其實出乎意料地頑強。然而，就像長頸鹿的高敏感狀態一般，動物對短期壓力的適應能力，在其他狀況下可能反而成爲問題。而擁有高度智慧的人類專屬的想像力，在某些情況下也可能成爲導致精神壓力的原因。

構成壓力的關鍵，在於壓力源對生理機制而言是否非預期或出乎意料，而壓力的強度和長度，則可視爲判斷的要素之一。

壓力下脆弱性的變因

在壓力研究領域裡，學者透過人爲方法製造各種非預期或不便的狀況，進行了無數次實驗。薛利也是因爲偶然對老鼠施加了心理負擔，才發現壓力的存在。

假設靈長類之間具有某種共通的脆弱性，那麼只要釐清哪些因素會影響動物在壓力下的脆弱性，便能幫助我們了解人類心理創傷的成因。接下來，我將介紹幾個主要的實驗及其他事例。

可預測性

此實驗使用老鼠進行，實驗目的爲比較「可於事前預測心理負擔」與「不可於事前預測心理負擔」這兩種狀況的差異。實驗中準備三隻老鼠，在其中兩隻老鼠的尾巴裝上電極（老鼠A、B），最後一隻（老鼠C）則什麼都不裝，作爲對照組。

實驗者在對老鼠A施予電擊之前，會先閃燈通知老鼠A電擊即將來臨，但對老鼠B則隨機閃燈，閃燈的時間點與電擊無關（也就是不預先通知老鼠B電擊的到來）。

在上述條件下反覆對老鼠施予電擊，比較老鼠承受的壓力多寡，結果發現潰瘍最嚴重的，是事前無法預知電擊即將來臨的老鼠B；可以預期電擊的老鼠A只有輕度潰瘍；而老鼠C因爲沒有心理負擔，所以沒有任何改變。

電擊的強度相同，代表壓力的強度也一樣，由此可知，讓潰瘍程度出現極大差異的關鍵，在於老鼠是否能預測壓力。

此外，透過比較「有規律地給老鼠食物」和「無規律地給老鼠食物」這兩種狀況的實驗，可知在食物供給不規律且無法預期的狀況下，老鼠的皮質醇數值會上升。

在人類社會中也可以觀察到同樣的現象。在第二次世界大戰前期，占領西歐的德軍飛越多佛海峽，對英國進行空襲。倫敦上空每天都有來自歐洲大陸的轟炸機飛過，丟下炸彈，實可謂攸關生死的巨大壓力；相對於此，英國郊外的空襲則較少，頻率也比較低。

據說當時因爲空襲的壓力而罹患胃潰瘍的英國民眾大增，請問都市居民和郊外居民，何者罹患胃潰瘍的比例較高呢？以壓力的強度來看，應該是都市居民才對。

然而令人意外的是，實際上在空襲較無規律性的郊外，民眾罹患胃潰瘍的比例比較高。這是因爲在每天都可預期有空襲的都市，民眾壓力較小，而在空襲零星又無法預測的郊外，民眾壓力較大。

如上所述，在可預期的前提下，即使是會造成死亡的巨大壓力，心理負擔也會減輕，反之，無法預期的事件則會帶來極大的心理負擔。所謂的可預測，就是具有一致性與秩序，這對生物而言是一種攸關能否感到安心、安全的重要變數（要素）。

可控性

接下來介紹另一個同樣是對老鼠施予電擊的實驗。實驗中準備三隻老鼠，在其中兩隻老鼠的尾巴裝上電極（老鼠A、B），最後一隻（老鼠C）則什麼都不裝，作爲對照組。

與上一個實驗不同的是，在這個實驗中，老鼠A只要按下按鈕，就可以停止施加在自己身上以及老鼠B身上的電擊。換言之，也就是老鼠A可以掌控整體狀況。老鼠B也有按鈕可按，但那個按鈕並沒有作用，就算按了也無法停止電擊。也就是說，對老鼠B而言，電擊是否會停止，完全只能仰賴老鼠A的行動，自己並無法掌控全局。這就是第二個老鼠電擊實驗。

實驗結果顯示，無法掌控狀況的老鼠B，出現了嚴重的潰瘍。由此可知，儘管電擊的強度相同，有能力掌控狀況的老鼠A所感受到的壓力明顯較小。

我們人類也一樣，當自己無法掌控全局時，就算以結果而言只是短期的狀況，有時也會感受到極大的壓力。是否具有掌控狀況的能力，正是影響我們在壓力下有多脆弱的重要因素。

情緒與挫折的抒發

第三個實驗是限制行動實驗，同樣使用老鼠進行。實驗中準備兩隻老鼠，用膠帶將兩隻老鼠的腳都固定在木板上，給予老鼠A一根木棒，讓牠啃咬，老鼠B則什麼都不給。

也就是說，老鼠A可以透過啃咬木棒來抒發挫折（frustration）的情緒，老鼠B則無法發洩，藉此比較兩者感受的壓力程度。實驗結果顯示，無法宣洩情緒的老鼠B所感受到的壓力，強烈到足以令牠產生潰瘍，而情緒得以宣洩的老鼠A則壓力較輕。

此外，在實驗結束後，測量兩者的壓力荷爾蒙數值，發現可透過啃咬木棒來宣洩的老鼠A，荷爾蒙數值很快就穩定下來，但無從宣洩的老鼠B，荷爾蒙數值則沒有立刻下降，顯示牠感受的壓力還持續了一段時間。

透過上述實驗，我們得知了宣洩挫折與情緒的重要性，倘若情緒無法宣洩，可能會造成長期性的影響。尤其是人類爲了經營社交關係，很多時候難以展露或宣洩情緒，然而忍受壓力所帶來的影響，其實超乎你我的想像。

社會支持

除了壓力學以外，在心理學、社會學等各種領域中，都有與社會支持相關的研究。社會學領域量化研究的蒿矢——涂爾幹（Emile Durkheim）的《自殺論》，闡明了社會支持與自殺的關連性。

資料顯示，與社會的連結愈強，自殺率就愈低（也就是壓力愈小）。例如：與社會連結較強的天主教徒，自殺率比基督教徒來得低；有小孩的已婚者，自殺率比單身者或沒有小孩的已婚者來得低。

證明社會支持與健康狀態密切相關的研究調查不勝枚舉，例如：在乳癌病人中，有接受團體治療的病人，餘命比沒有接受團體治療的病人長兩倍，可知配偶、朋友、家人的存在與否，會左右病人的平均餘命。透過針對猴子進行的實驗，也證實了同伴比較多的猴子，壓力荷爾蒙的數值明顯低於同伴比較少的猴子。

綜上所述，人類與社會的連結會影響壓力的大小。對身爲群居動物的人類而言，社會支持可謂生存的基礎，倘若失去與社會的連結，將對一個人的身心造成嚴重的傷害。由此可知，社會支持的有無，乃是一項格外重要的變數。

從影響脆弱性的因素來討論創傷

前面列舉了「可預測性」、「可控性」、「情緒的抒發」、「社會支持」等四個因素，除此之外也許還有其他因素，不過光從這幾個主要因素，就能看出什麼樣的壓力會影響脆弱性。

透過這些因素，我們更進一步地掌握了創傷。我們可以客觀地理解，造成創傷的關鍵並不僅是壓力的強度，創傷也並非「攸關生死的事件」這種特殊的狀況，亦不是「只要當事人覺得是創傷，就是創傷」這種過於主觀的概念。

為什麼持續性的壓力或「攸關生死」的事件會造成創傷？

持續性的壓力爲什麼對生物不利，並且可能造成創傷呢？一般認爲是影響脆弱性的因素增加的關係，例如無法預測導致壓力的事件何時結束，便無法掌控狀況。

所謂不可預測或不可控制，換句話說就是一種缺乏安心感、安全感的狀況。在這種狀況下，通常壓力也無法完全宣洩（當事人可能爲了宣洩壓力，而做出對身體造成負擔的行爲，例如酗酒）。長期性的壓力也會對當事人的人際關係帶來負面的影響，若缺乏與他人的連結，就沒有辦法支撐壓力。簡而言之，持續性的壓力會削弱人類生存所需的條件。

「攸關生死」的事件之所以會造成創傷，則是因爲它會一口氣帶來前述的所有變因。當一起出乎意料的重大事件在瞬間發生，將會瓦解可預測性與可控性，同時斬斷人與社會之間的連結，將當事人逼進一種無處宣洩的孤立狀態。

越戰是催生PTSD概念的契機，不過當初其實也是在幾乎確定戰敗的戰爭末期，軍人的異常行爲才開始受到關注。對戰敗這個事實的認知（可預測性、可控性遭到瓦解）、短期內的復員（情緒與挫折的宣洩受到限制）、輿論的強烈批判（不受社會支持）等，固然都是極大的壓力，但後續的照護，才讓問題眞正浮上檯面，且變得更爲複雜。

日常生活中持續的壓力可能導致創傷

將視角拉回日常生活，可以發現許多場景都充滿影響脆弱性的因素，例如：在公司或學校等環境裡遭受霸凌或精神虐待時，就算有壓力，也無法表露或宣洩情緒。

隨機出現的霸凌或精神虐待行爲，會瓦解可預測性及可控性，而拚命察言觀色，就是受創者對找回可預測性所付出的努力。當精神虐待行爲日益嚴重，導致受創者無處可逃，又喪失社會支持，他們便會萌生自我了斷的念頭。

「日常生活中的壓力不算什麼」是一種偏誤

包括我自己在內，人類似乎經常忘記自己有多麼脆弱，過於高估自己的努力或忍耐力，同時過於低估他人的痛苦或困難，認爲那不算什麼。

壓力學權威、美國心理學家理查．拉薩魯斯（Richard S.Lazarus）指出：「在尋找因應壓力的方法時，只憑重大生活事件來定義壓力，並不是適切的策略（strategy）」、「所謂日常性的混亂，意指乍看之下似乎只是雞毛蒜皮的小事，但有時卻令人感到非常厭煩，且對道德、社會功能及健康有害的日常煩擾。令人驚訝的是，我們發現這種日常性混亂對健康的危害，遠遠超過重大生活事件」（《創傷與情感（暫譯）》）。

「日常生活中的壓力根本不算什麼」的想法，正是人類根深蒂固的偏誤之一。

家是安全的？

另一個相關的偏誤，就是認爲「家是安全的」。家絕對不一定是安全的場所，人們在外面時，反而會下意識地遵守公共場所的規範，旁人的眼光也會發揮監督的效果，萬一發生糾紛，警察等公權力也可以介入。

然而在現代，屬於主流的小家庭卻成了社會上的盲點，家庭內充斥著遊走法律邊緣的誇張行徑，問題是只要不觸法，社會也很難介入。

家庭若能好好發揮其應有的功能，確實可以成爲一座守護家人的「安全基地」，然而一旦家庭的功能失靈，便可能立刻搖身一變，成爲一個滿足脆弱性條件、容易造成創傷的環境。尤其是兒童，由於生殺大權掌握在父母手中，他們受到的影響更是不堪設想。

在學校或公司遭受創傷的風險

學校或公司也一樣。例如在二〇二〇年度，光是根據正式通報紀錄，日本小學、國中、高中的自殺人數就有415人（文部科學省「令和2年度學童問題行爲與拒學等學生事務課題相關調查」）。可以想見，背負著創傷但沒有走上自殺一途的人數，勢必是這個數字的好幾倍。

而職場上的權力霸凌與精神虐待，狀況又如何呢？根據日本厚生勞動省的調查，各都道府縣收到的職場霸凌諮詢件數逐年增加，在二〇二一年度，一共有86,034件（厚生勞動省「令和3年度個別勞動紛爭解決制度施行狀況」）通報。對當事人而言，職場宛如地獄般痛苦，自我的存在也岌岌可危。

如上所述，日常生活中的持續性壓力，顯然也是一種不容忽視的創傷成因。這個社會花了漫長的歲月，才總算了解由戰爭、重大災難或犯罪事件的壓力所導致的PTSD，而未來，社會大眾則必須理解：日常生活中的壓力，也可能造成創傷。

成長過程中的壓力——依附障礙、發展性創傷

接下來，我要介紹人類在成長過程中遭受的壓力，將會帶來哪些影響。

除了優於其他生物的高度智慧之外，人類還有一個很大的特徵：人類長大成人所需的時間，遠比其他生物來得長。眾所皆知，人類的大腦非常發達，因此不

得不在尚未發育成熟的狀態下出生，而正因爲生理達到成熟所需的時間很長，人類的成長過程也很難順遂，勢必面臨遭遇各種壓力的風險。

如第2章所述，若一個人遭遇的壓力足以阻礙發展，便可能形成本書的主題——「發展性創傷」（在幼年期稱爲「依附障礙」）。

周產期（胎兒期、新生兒期）的壓力所帶來的影響

胎兒打從在母親的肚子裡，就開始受到壓力的影響。證實此說法的，是英國流行病學家大衛．巴克（David J. P. Barker）所提出的「DOHaD理論」，該理論認爲生活習慣病[10]與出生時的體重有關。

實際上也有許多調查結果佐證其關連性。東京大學先端科學技術研究中心在二〇一八年發表的研究報告中指出，妊娠期間的飢餓、過度減重以及精神壓力等，都會對胎兒的發育產生影響。

此外，胎兒若在出生時遭受壓力（剖腹或麻醉等醫療手段的介入）、在出生後處於有壓力的環境，或長期與母親分隔兩地，也可能會導致創傷。

近年有研究發現，胎兒期的環境是引起發展障礙的重要因素。目前已知空氣中的化學物質、母親攝取的飲食及藥物中的化學物質等等，都會影響胎兒的環境。此概念稱爲表觀遺傳學（Epigenetics），認爲環境會影響遺傳因素，導致發病。

正如第2章所述，依附障礙或虐待所導致的症狀與發展障礙的症狀酷似，因此被稱爲「第四類發展障礙」。儘管分屬胎兒期與幼年期，但兩者的症狀之所以酷似，或許是因爲它們具有「暴露在壓力之下」這個共通點。

依附形成期的壓力

在依附形成的重要階段，即使是在成人眼中微不足道的不適切壓力，也會對兒童產生極大的影響。依附之所以被比喻爲「安全基地」，就是因爲兒童必須以依附爲基礎，慢慢適應這個世界。就像登山的基地營一樣，正因爲有基地營，人們才能走入山林，盡情探索。假如基礎不穩，人能探索的範圍就會受限，面對壓

10　譯註：肇因於吸菸、喝酒、缺乏運動等不良生活習慣的疾病，包括心臟病、高血壓、糖尿病等。

力時也會變得脆弱，無法順利適應社會，感到「活得好累」。

一般認爲，主要照顧者是否能以穩定且一貫的態度來對待兒童，是最重要的關鍵。倘若主要照顧者的情緒不穩定，對兒童關心不足或干涉過度，兒童便無法形成穩定的依附。

造成主要照顧者不穩定的常見因素，包括家人感情不睦、與配偶父母之間的關係不佳、與配偶的關係不佳、來自職場的壓力、主要照顧者本身的身心不適等。假如主要照顧者本身有發展障礙、焦慮型依附或創傷，也會情緒不穩，其中焦慮型依附更是經常延續好幾個世代。

來自家庭的慢性壓力

在成長過程中，來自家庭的壓力也是導致創傷的一大因素。

最常見的問題，就是家人感情不睦或時常吵架。除了父母吵架之外，父母與祖父母起爭執、親戚之間起爭執，或是兄弟姊妹因爲某些問題，而把家裡鬧得人仰馬翻等情形，也都不罕見。

孩子目睹父母在自己面前吵架，稱爲「目睹家暴」，在日本，這已經是兒童相談所[11]會主動介入的事件，並不是用一句「天底下哪對夫妻不吵架」就可以帶過的事情。目睹家人在自己面前惡言相向，會對兒童的大腦造成嚴重的傷害。

若兒童的家人有酒精、賭博、購物等依賴症，過去一般將該兒童稱爲「成年兒童」，也就是指「父母罹患依賴症的兒童」，這也是導致創傷的原因。

身體虐待、性虐待、忽視、經濟上的虐待等，更是無須贅言，勢必會對兒童造成巨大的創傷。

失能家庭帶來的影響

較容易被忽略的，是「失能家庭」的問題。假使父母沒有發揮應有的功能，也會對孩子形成巨大的壓力，例如：父母的言行舉止太幼稚、在孩子需要照顧或指導的時候對孩子漠不關心、向孩子抱怨另一方或祖父母、把孩子扯進家人的爭執、對孩子灌輸宗教或特定的思想、將孩子出於自然的情緒反應或抗拒視爲異常而過度害怕、嫉妒孩子、將自己的人生投射在孩子身上，對孩子寄予過度的

11　譯註：日本的兒童福利設施。

期待並過度干涉、沒有對孩子付出符合一般社會常識的關心、喜怒無常、用冠冕堂皇的說詞合理化自己不適當的態度、當孩子與外人起爭執時，總是不站在孩子這邊，還用鄉愿的態度質疑孩子是不是也有錯、家中毫無公平可言、過度重視成果，不在乎過程、喜歡拿孩子和其他人比較，藉以貶低孩子……等等。

父母失能對孩子而言是極大的傷害，一旦父母失能，孩子便會失去「自我」。

校園霸凌、拒學

在家庭以外的環境中，可能導致壓力的事件，就是學校或社團裡的霸凌，其中又以運動類社團發生霸凌的機率特別高。二〇二〇年度日本各小學、國中、高中及特殊教育學校通報的霸凌件數，共有517,163件（文部科學省「令和2年度學童問題行爲與拒學等學生事務課題相關調查」），而沒有被正式通報的霸凌件數，推測應有數倍之多。

此外，到了小學高年級或國中階段，人際關係會漸漸變得複雜，即使不到霸凌的程度，許多兒童也可能因爲人際關係而飽受壓力。

在拒學問題方面，日本二〇二〇年度小學及國中的拒學人數共爲196,127人，高中爲43,051人（文部科學省，同上）。

兒童在學校受到的各種壓力，也是導致創傷的原因，不容忽視。

與醫療相關的壓力

研究指出，與醫療相關的壓力也是造成創傷的因素之一。造成此類創傷的原因，主要是因爲重傷或重大疾病而住院或動手術（但牙科等日常性的治療，在某些情況下也可能造成巨大的壓力）。

身體被固定、無法自由活動，也會形成壓力。當然，若情況嚴重，有時即使當事人不願意，也需要強制送醫治療，此時必須提供充分的說明，否則也會構成巨大的壓力。

前面介紹了幾個在壓力研究中使用老鼠進行的實驗，其實一模一樣的情境，也可能發生在兒童身上。例如兒童無預警地被家人帶去醫院，可控性就會被剝奪，陷入不可預測的狀況，等於完全滿足脆弱性的變因。

日常生活中的性暴力、性騷擾等問題

遭受過性暴力、性騷擾的人，其實遠比我們想像的還要多。根據日本內閣府在二〇二二年度針對年輕人實施的調查（內閣府男女共同參畫局　令和3年度針對年輕人之性暴力預防啓發諮詢計畫「年輕人性暴力受害狀況之網路問卷調查及聽證結果報告書」），受訪者中每4人就有1人曾遭遇性暴力，其中非自願性行爲占4．1%，非自願肢體接觸占12．4%。

特別需要注意的，就是由親戚或熟人施加的性暴力、性虐待與性騷擾。許多前來諮商的個案都表示，施暴者正是他們親戚當中的父執輩。這些與性相關的暴力事件並非特殊案例，我們必須將其視爲在日常生活中隨時都可能發生的事件。

綜上所述，可知人類想在一個沒有過度或慢性壓力（發展性創傷）的環境下成長，絕非易事。非但如此，兒童在發展過程中所受的影響，是成人完全無法比擬的。

可能有創傷疑慮的狀況

前面介紹了許多可能導致創傷的日常壓力，然而，有時人們可能出自各種因素，而無法自己察覺壓力源。因此，接下來我將介紹一些即使沒有自覺，也可能是創傷的案例。

孩提時期的記憶稀薄

20～49歲這種相對年輕的年齡層，假如對童年時期的記憶稀薄、想不起以前發生的事，就必須懷疑可能是創傷。之所以記憶稀薄，也許是因爲受到某個足以造成創傷的事件所影響。

認為自己的辛苦不算什麼

受創者大多非常認眞，他們凡事盡心盡力，甚至有過度自責的傾向。對於創傷事件，他們也會認爲「這種事情沒什麼大不了」。

如前所述，即使當事人覺得微不足道，持續性的壓力也有可能造成創傷。如果各位有「活得好累」的煩惱，請抱著「說不定這就是創傷」的心態，加以剖析。

難以痊癒的精神障礙、全身不適

若當事人被診斷為其他疾病，卻遲遲不見好轉，也必須懷疑或許是受到創傷的影響。

如第3章所述，假如是年紀輕輕就被診斷為憂鬱症，或是長期接受治療卻沒有好轉的案例，皆可能是源自於創傷的憂鬱情緒。

「第四類發展障礙」概念的出現，就是因為創傷會導致類似發展障礙的症狀，因此若被診斷為發展障礙或ADHD，原因也可能是創傷。

有些被診斷為思覺失調症的案例出現的幻聽症狀，其實是重現。而有些被診斷為恐慌症的案例，也可能是重現或內心衝突所導致。被認為是躁鬱症的案例中，也有一些肇因於創傷。

此外，若有頭痛、頸痛、腰痛、背痛、心悸等在醫學上找不到原因的不適症狀，也必須懷疑是受到創傷的影響（例如女性生理期相關的煩惱與症狀，也可能是因爲過去的創傷或當下的壓力所導致的亢進）。

創傷的另一個特徵——精神虐待與精神控制

除了壓力症候群之外，有助於我們理解創傷的另一個關鍵，就是「創傷就是精神虐待」的觀點。幾乎在每一個長年爲創傷所苦的案例身上，都會看見精神虐待的影響。

精神虐待一詞，是透過法國精神科醫師瑪麗法蘭絲・伊里戈揚（Marie-France Hirigoyen）在一九九八年出版的《冷暴力：揭開日常生活中精神虐待的眞相》（商周出版）而開始廣爲人知。

精神虐待與精神控制也是不可忽視的創傷成因。在國外，除了伊里戈揚的研究之外，精神科醫師阿諾・格倫（Arno Gruen）的「背叛自己」（《正常的瘋狂（暫譯）》）、心理學家愛麗絲・米勒（Alice Miller）的「黑色教育」（《教育爲始（暫譯）》），皆爲知名的相關研究。蘇珊・福沃德（Susan Forward）的

《父母會傷人》（張老師文化）亦屬於相關領域。

在日本，則有東京大學東洋文化研究所的安富步教授長期進行精神虐待相關的研究，另有大阪大學的深尾葉子教授等學者提出的「心靈的去殖民化」計畫。

不僅是在發展過程中，就算是在一個人成年之後，精神虐待與精神控制也會帶來嚴重的傷害。根據前面列舉的壓力狀況，可知壓力不但是一種心理負擔，更包含了種種會讓人否定自我、束縛自我的要素。諸如親子關係、來自家庭的壓力、在學校遭受的霸凌、在公司遭受的精神虐待及權力霸凌、來自伴侶的精神家暴等，都是典型的例子。

精神虐待研究的濫觴──「雙重束縛」

精神虐待相關研究的濫觴，是美國人類學家葛雷格里・貝特森（Gregory Bateson）提出的「雙重束縛」概念。雙重束縛原文為「Double Bind」，意指兩個互相矛盾的訊息同時出現，導致人類自由精神活動受阻的現象。

貝特森將此視為導致精神障礙的原因，例如父母、伴侶或主管的行為明明是出於自私或自卑，卻硬找些冠冕堂皇的歪理來解釋，並要求對方服從，這種情形（僞規則）就屬於雙重束縛。

儘管當事人的潛意識或身體很清楚對方是不合理的，但理智卻屈服於對方的歪理，因此最終仍會順從對方。一言以蔽之，倘若上述行爲反覆發生，便構成精神虐待。精神虐待的受害者會漸漸無法相信自己的感覺，被迫與社會隔離，完全受到對方的控制。

精神虐待正是創傷在心理層面的一大特徵。

精神虐待之所以存在，是因為人類具有社會性及追求良善的意志

爲什麼人們無法抗拒聽從那些造成精神虐待的矛盾訊息呢？答案是因爲人類具有社會性。進一步思考，爲什麼創傷（精神虐待）的影響會持續好幾十年呢？那是因爲我們想要成爲一個更好的人、想要追求良善的緣故。也就是說，當我們一心替父母著想、想與朋友保持良好的關係、想與社會有所連結，精神虐待就會在這些想法裡築巢。

加害者往往會強迫受害者接受明顯理虧的說詞，例如「都是你害我不高興，所以我要懲罰你」、「你讓我覺得噁心，所以你被霸凌也是應該的」，或是刻意打壓受害者的情緒，例如「看吧，你這麼容易生氣，簡直跟你爸一模一樣」。這些其實都是加害者爲了減低自卑感而有意無意做出的行爲，受害者直到長大成人，也難以擺脫這些束縛。

在因爲遭遇意外事故、天災、戰爭等重大災難或強暴等單次性創傷事件，而長期深陷痛苦的案例中，也有不少受創者由於社會性支援不足或二度傷害，出現同樣的症狀。

受創者的身心會產生哪些變化？

壓力與創傷會讓個案在身心方面出現什麼樣的變化呢？在第3章裡，我介紹了幾個肇因於創傷的主要症狀，接下來，我將說明這些症狀背後的身心變化。

如果用電腦或手機來比喻一個人的身心，那麼受到創傷，就等同於硬體和軟體都遭到了損害。所謂的硬體，包括CPU（大腦）、記憶體和硬碟（記憶）、主機板和電源（神經系統、免疫系統、內分泌系統）等等，而每個部位的功能都會出現障礙。

其次，軟體也會出現異常。後面將會詳述，最嚴重的異常狀況，就是「無法用自己的ID登入」（喪失自我），彷彿人生被剝奪一般，自己將不再是自己。

大腦的變化

如第2章所述，創傷會使大腦產生器質性變化，某些部位的體積會增加，某些部位則會減少，引發功能障礙。除了身體虐待之外，不當對待（例如父母在孩子面前吵架，或對孩子口出惡言等等）也會造成創傷。

所謂的不當對待，就是作爲父母所不應展現的一切言行舉止，包括對孩子漠不關心或過度干涉、否定孩子、態度陰晴不定等等。如今我們知道，過去人們認爲無關緊要、小題大作的事情，或每個家庭都習以爲常的夫妻吵架，都會導致創傷，對兒童的大腦造成傷害。

一般認爲，大腦之所以出現變化，基本上是爲了應付當下的壓力。然而當個案遠離危機，回到正常生活與人際關係中，問題就會浮現。

壓力的種類與大腦受損部位的關係

透過第2章介紹的各種研究，我們已大致理解不同壓力或症狀與大腦受損部位的關係。

例如，如果是受到體罰，則掌管感情與思考、控制情緒的前額葉皮質體積就會減少。如果是目睹父母吵架或遭受性虐待，則視覺皮質區的體積會減少，一般認爲這是爲了避免反覆看見自己不想看見的場景。遭到言語暴力對待，或聽見別人的粗暴言語，則會導致聽覺皮質區的體積增加，這是因爲突觸修剪受到阻礙的關係。而掌管記憶的海馬迴，對各類壓力都很脆弱，一旦長期承受壓力，海馬迴就會萎縮，對學習能力及記憶力造成影響。

根據研究，我們已知使大腦受損最嚴重的，並不是身體虐待，而是目睹父母吵架或家暴＋遭受言語暴力。言語帶來的傷害，事實上遠比我們想像的還要嚴重。

受損部位與症狀的關係

接下來，我將說明大腦受損部位與症狀的關係。重現的症狀，與腦島、海馬迴、杏仁核、背外側前額葉皮質等部位相關。注意力不足的症狀，與前扣帶迴等部位相關。控制情緒、衝動的問題，與前額葉等部位相關。無法擬定計畫、預想狀況、維持物品整齊等問題，與前額葉皮質等部位相關。社會性、人際溝通方面的問題，與顳上迴、眼窩前頭皮質等部位有關。自我察覺方面的問題，與內側前額葉皮質、前扣帶皮質、頂葉、眶額葉皮質、腦島、後扣帶皮質等部位有關。

神經系統的變化

一旦遭受創傷，除了大腦之外，神經系統也會出現問題。簡而言之，就是神經系統爲了應付危機而切換爲緊急狀態模式，但危機解除後，卻沒有切換回正常模式。站在發展的觀點來看，也可說是沒有辦法學會何謂正常模式。

受創者無法自動從緊急狀態模式切換回正常模式，又欠缺一個可以學習的環境，因此始終難以適應社會，導致出現「活得好累」的感覺。

透過多重迷走神經理論掌握無法適應的機制

有關神經系統的變化，第2章介紹的多重迷走神經理論為我們提供了一個有力的假設。多重迷走神經理論將自律神經系統大分為三類。

首先是最原始的反應，也就是屬於副交感神經的「背側迷走神經」。在面對壓力的時候，這個神經系統會做出「全身僵硬」的反應。

其次是「交感神經」，在面對壓力的時候，這個神經系統會做出「戰或逃」的反應。

最後是副交感神經「腹側迷走神經」，在面對壓力的時候，這個神經系統的反應是尋求「社會連結」。

一般認為，生物的進化依序是背側迷走神經、交感神經、腹側迷走神經，而人類會從較高度的神經系統開始處理壓力。也就是說，當我們感受到壓力時，首先會透過對話、交涉等「社會連結」的方式來對應，倘若社會連結不順利，就會發怒或逃避（「戰或逃」），最後則會產生當場僵住的反應。

當人類與他人相處時，身體會自動調節神經系統等生理狀態，這個機制稱為

「共同調節（Co-regulation）」。其中掌管社會連結的腹側迷走神經，更是扮演著指揮整體神經系統的角色。要讓兒童的腹側迷走神經充分發展，就必須由具備穩定腹側迷走神經的成人擔任主要照顧者。

假如父母本身的腹側迷走神經都沒有發揮功能，在這種狀態下撫養孩子，便會形成一個不適切的成長環境，此時除了不當對待造成的傷害之外，更會使孩子的腹側迷走神經無法隨著年齡的增長而逐漸成熟。

如此一來，日後當事人面對壓力時，便無法採用「社會連結」這種較爲理想的反應來處理，而只會出現「戰或逃」或「全身僵硬」等反應。

無法感到安心、安全和連結的原因

根據多重迷走神經理論，人類下意識地判斷自身所處環境是否安全的機制，稱爲「神經覺（Neuroception）」。

然而假如一個人遭受了創傷，即使是微不足道的小事，神經覺也會將其判斷成危機，使得交感神經（戰或逃）及背側迷走神經（全身僵硬）優先運作，導致當事人只會展現出動物面對危機時的原始反應，而非尋求社會連結。

在記憶方面也一樣，無論多小的事情，海馬迴和杏仁核都會將其視爲危機，加深記憶，強化「這個世界並不安全」的認知。

創傷的其中一個特徵——過度緊張，是一種過度警覺，意指神經過度警戒或過動。受創者即使在不需要緊張的狀況下，也會無法克制地緊張，這便是體內的感應器沒有調整好的狀態。

緊張其實是一種能與他人建立連結的重要功能，也就是「意氣相投」、「團結一心」等認同感的源頭。假如調節緊張的功能失常，當事人就會如第3章所述，陷入無法與人好好相處、無法接受眼前事實的輕度解離狀態。

內分泌系統、免疫系統的變化

目前已知人類一旦遭受創傷，身體處理壓力、維持恆定性的功能就會出問題，內分泌系統也會失調，出現分泌過剩或不足的狀況。

健康的人，內分泌量在早晨最高，隨著時間在一天內慢慢減少，然而受創者往往是早晨較低，夜晚較高。

受創者的免疫系統也會失衡，根據壓力相關研究，一般認為人類在處理壓力的過程中，免疫系統會受到抑制。過去的經驗也告訴我們，在高度壓力下，我們會比較容易感冒、生病。

另一方面，研究也顯示創傷與自體免疫疾病有關，這或許是創傷導致免疫系統失調的緣故。

認知、情緒等的變化

創傷會使受創者的認知產生變化或扭曲，其中較具代表性的，就是「用負面態度看待自己與世界」、「逃避」及「情緒失調」等。

負面認知

「用負面態度看待自己與世界」，意指受創者覺得世界不安全、不能讓自己安心，同時對社會或自己的人生感到悲觀，認爲自己毫無價値或罪孽深重，喪失自信，且無法信賴他人及社會。

受創者往往會害怕人，覺得所有事物都是轉瞬即逝的，他們無法體會像「1＋1＝2」這種理所當然慢慢累積的感覺，不知道身邊的一切什麼時候會瓦解、消散。他們總是把一切都想得很複雜、很困難，沒辦法輕鬆單純地看待世界，亦無法在日常生活中獲得滿足。

逃避

「逃避」意指避免回想起過去造成壓力的事件。不光是物理性地迴避相關人事物，受創者更會扭曲自己腦中的認知和信念，試圖保持平衡，導致他們無法用正常的觀點來看待事物。大多時候，受創者無法認知自己為了避免想起該事件而找藉口的行為，其實就是「逃避」。

若是發展性創傷，則受創者對於特定事件的記憶也會變得模糊，多數個案甚至難以察覺自己究竟在逃避什麼。假如沒來由地害怕別人、害怕社會，或是始終提不起勁，也可能是逃避的症狀。

情緒失調

說到「情緒失調」，一般會聯想到的就是容易變得情緒化，例如易怒。然而事實上，有更多案例是容易變得焦慮不安、覺得羞恥、充滿罪惡感，又或者是感受不到情緒。在應該難過或生氣的時候，他們卻莫名沉著冷靜；在應該高興的時候，他們卻感受不到喜悅。

有些個案則是容易暴躁，甚至會做出逼車[12]或家暴等行爲，彷彿無法控制憤怒的情緒，以至於切換成另一個人格似的。

上述症狀的發生，都是因爲受到過去壓力事件相關的記憶，或是前述大腦及神經系統變化的強烈影響。

自我（主體、self）的變化

人在遭受創傷後，會出現「自我被剝奪」、「失去主體性」等狀況，正如第

12　編註：逼車是指與前車緊貼的危險駕駛行爲。

3章所述，創傷的核心就是喪失自我。

成年人遭遇戰爭、天災、強暴等巨大壓力時，比較容易看出前後的變化，當事人也比較容易察覺「自我消失了」，然而若是發展性創傷，不少個案都對自我的喪失毫無自覺。

由於當事人一直以來都在逆境中不斷努力，也積極地參與各種活動，因此通常作夢也沒想過自己竟然早已失去自我。然而只要仔細想想，他們便會發現自己的行爲，只不過是爲了符合周遭的期待、對某些事情的反彈，或是某種不安的表現，一旦被問起「那你自己想做什麼？」他們便回答不出來。

如第3章所述，自我出現變化的原因，乃是掌管自我認知與主體性的大腦部位及神經系統出了問題，或是焦慮型依附。此外，前述的精神虐待，也是影響自我的因素之一。

人我關係的變化

遭受創傷後會出現的另一個嚴重的問題，就是人我關係產生變化，因爲受創者會再也無法相信他人、無法安心與他人產生連結。人類是群居動物，人我關係與自我的確立有著密不可分的關係，只要欠缺了一方，另一方便無法達成。

無論是人我關係或自我確立，只要曾經損壞，就很難恢復正常狀態，就像不能連上網路的手機一般，無法發揮完整的功能。

更重要的是，大部分的創傷其實肇因於人際關係，而無法維持正常的人際關係，有時會招致更嚴重的霸凌，導致當事人害怕人際關係，形成惡性循環。

無法順利經營人際關係，往往會使得工作也無法順利進行，阻礙受創者在社會上的自我實現。在私領域方面，受創者的交友範圍受限，且不知爲何，他們總是特別青睞充滿自卑感的人，也就是他們會故意和有問題的人交往，再次製造創傷。

現在我們已經徹底理解了創傷，在下一章裡，我將說明受創者在克服創傷時必須掌握的要點。

第5章

克服創傷

克服創傷固然需要專家的協助，但主體仍是當事人。在接受協助的時候，當事人是否也能描繪出克服創傷的完整藍圖，並掌握基礎及重點，將成爲成功與否的關鍵。

創傷的特徵之一，也就是精神虐待所造成的影響非常棘手，因此當事人也必須理解其構造。此外，有些療法是當事人可以自己進行的，畢竟專家的協助大多是每週一次或每個月一次，時間有限，學會可以自己在日常生活中進行的其他療法，必定對當事人有很大的幫助。

在這一章裡，我將說明受創者在克服創傷時必須事先掌握的重點，以及受創者可以自己嘗試的努力。在本章的專欄裡，我也會介紹創傷的主要心理療法，以及一般認爲具有療效的藥物（礙於篇幅，書中無法針對每一種心理療法詳述，請見諒。若症狀嚴重到自己無法處理，請尋求各種療法的專業治療）。

首先，就讓我們一同確認「克服創傷」的整體概念。

克服創傷的整體概念

在第4章裡，我說明了創傷是一種「壓力症候群」，並將其視爲一種「精神虐待」。在理解創傷時，若能輔以「壓力症候群」＋「精神虐待」這兩個概念，便能更簡單地釐清創傷的具體機制，幫助克服創傷。

創傷最核心的影響，就是「喪失自我」與「人際關係障礙」（赫曼也將創傷的核心定義爲「權能喪失（disempowerment）」與「失去連結（disconnection）」）。

當然，創傷還有其他諸多症狀，要克服創傷，就必須針對這些症狀逐一治療。

綜上所述，我們可以得出一個公式：**「創傷＝壓力症候群＋精神虐待→自我喪失、人際關係障礙、其他」**。

有關創傷的治療，過去已有許多專家學者提出各種模型。本書爲求淺顯易懂，接下來將以**「調整環境」**→**「復原身體（自律神經等）」**→**「重建自我（主體、self）」**→**「處理記憶與經驗」**→**「恢復與他人（社會）的連結」**的順序來解說。※此為方便解說用的模型，實際上先後順序會不停調動，以螺旋狀進行。

① 調整環境

受創者通常缺乏安心感、安全感，總是處於緊急狀態模式，覺得自己身在一個危險的環境中，身邊處處是危機。

所謂的環境，可以大分爲外在環境（職場、學校、家庭的人際關係）與內在環境（身心狀況）。內在環境的不穩定，正反映出外在環境的品質不佳，爲了尋回安心感與安全感，受創者必須循序漸進地改善環境。

檢視外在環境

尋回安心感與安全感的首要之務，就是調整當下的外在環境。不過，爲什麼不是先處理過去的記憶或改善內在環境，而是要從調整外在環境開始著手呢？這是因爲創傷往往會在目前的外在環境中延續或反覆發生。

在能力所及的範圍內改變當下的環境，不只能排除壓力源，更能幫助受創者找回可控性與自我效能（Self-efficacy）。換言之，改變當下的外在環境，對內在環境的改善也有助益。

在外在環境方面，不少個案都是長期處於不合理的關係之中，其中又以家人之間的緊密關係最容易導致創傷。另外也有許多案例是長期身在充滿壓力的環境中，包括公司、學校、社團等。

倘若目前的人際關係或職場環境對自己帶來過大的壓力，就有必要重新選擇環境，或是與該環境保持距離。

受創者經常受困於「我必須在嚴峻的環境下努力，不可以逃走」的想法之中，他們會試圖克服不合理的環境，設法獲得那些提出不合理要求的人們認同。然而他們眞正該做的，是視情況考慮搬家或離職，切斷彼此的關係。

一個擁有穩定依附關係的人，會自動與太過惡劣的環境或人保持距離，因此，調整環境可以達到模仿穩定、健全依附型態的效果。只要實際檢視環境裡的各種不合理，便有機會找回安心感與安全感。

家不一定是「安全基地」

我們總是直覺認爲「家是可以讓自己安心的場所」、「家是安全的」，然而這種想法其實大錯特錯。對許多人而言，家是一個令人焦躁不安的空間。

若是與施暴者或對自己造成壓力的人同住一個屋簷下，當然會感到焦躁不安，不過就算是獨居，狀況也一樣。不少受創者只要待在家裡，就會想起過去不愉快的回憶，並且對未來感到不安，難以克制地反覆想像自己遭受壓力的情景。

近年智慧手錶普及，人人都能輕鬆測量自己的心跳等生理數值。我有一位個案曾經利用智慧手錶記錄自己的狀態，結果發現自己竟然是在家裡的時候最緊張，而最放鬆的時刻，則是在外面，跟沒有利害關係的對象相處的時候。

對許多人來說，家固然是可以暫時歇息的場所，但卻不是「安全基地」。事實上，眞正可以讓人感到安心、安全的環境，其實是社會。爲了持續保有安心感與安全感，適度外出接觸人群，是有其必要的。

調整環境，就是愛自己

「調整環境」乍聽之下似乎只是改變外在條件，但它的本質其實是「愛自己」。只要擁有「愛自己」的意識，我們就會自然而然地挑選更好的環境，倘若一個人覺得自己身處的環境漸漸變得不對勁，就表示他缺乏這種理所當然的意識。不過，這當然不是當事人的錯，而是因爲當事人長期處於不合理的環境中，導致他喪失了應有的能力。

在人際關係方面，不少受創者即使遇到不珍惜自己、貶低自己的對象，仍不願意與對方切斷關係，彷彿意圖重現自己過往的創傷。也有許多受創者價值觀扭曲，認爲嚴以律己或是情緒化，才是愛自己的表現。

對友善的人示好、抗拒討厭的人——這種單純的互動，才是健康的人際關係，然而受創者對人際關係的看法往往也是扭曲的。

調整環境，同時也是調整這種扭曲的人際關係。與人相處時，請在心裡問自己：「對方有珍惜我嗎？」這個問題能發揮類似免疫功能的效果，讓自己遠離不珍惜自己的人，提醒自己這段關係並不正常。綜上所述，調整環境時最重要的關鍵，就是以「把自己擺在第一位」爲出發點。

○專欄　治療創傷的主要心理療法

接下來，我將介紹幾種治療創傷的主要心理療法。治療創傷的方法，可以大分爲「由上而下（Top-down）」與「由下而上（Bottom-up）」兩種。

由上而下是從思考與認知切入的方法，重點在於讓理智正常發揮作用，慢慢整理情緒，處理記憶。較具代表性的是認知行爲治療中的「暴露療法（Exposure Therapy）」。

暴露療法是一種讓受創者直接面對創傷原因的方法。認知行爲治療可以幫助受創者修正認知、控制情緒以及學習經營人際關係的技巧。其他由上而下的療法，還有人際心理治療（Interpersonal psychotherapy）、內在家庭系統治療（Internal Family Systems Model）、FAP療法等等。

相對地，由下而上則是從身體切入的方法，透過肢體活動讓情緒穩定，慢慢處理記憶。包括瑜伽、正念（Mindfulness）、身體經驗創傷療法（Somatic Experiencing）、思維場療法（TFT）、身體連結療法（Body Connect Therapy）、眼動減敏與歷程更新療法（EMDR）、腦點技術療法（Brain Spotting）、腦健操（Brain Gym）、哈科米（Hakomi）、神經生理回饋（Neurofeedback）、創傷性壓力治療方案（Traumatic Stress Protocol）、自我狀態療法（Ego State Therapy）、全像談話（Holography Talk）等，皆屬此類。

「由上而下」與「由下而上」只是一種概念性的分類，在其他學者的研究或書籍裡可能有不同的分類，兩種概念也可能有部分重疊。

② 復原身體（自律神經等）

健康的身體是安心感及安全感的基礎，在克服創傷的過程中，改善身體狀況是極爲重要的環節。倘若身體狀況一直不穩定，無論身處什麼樣的環境，都無法感到平靜。爲了持續擁有安心感與安全感，調整身體狀況必須從日常生活做起。

攝取充足的營養與睡眠

首先，最重要的就是攝取充足的營養與睡眠。假如營養或睡眠不足，就算定期接受心理治療或藥物治療，也很難改善狀況。倘若各位目前已經有營養不良或睡眠不足的問題，請務必積極改善。

在現代，我們可以輕鬆獲得各種關於營養的觀點和資訊，有些觀點認爲某種營養素對人體有害，不建議攝取，有些觀點則會特別推薦攝取某種營養素。

每一種觀點背後都有支持其論述的證據，富有說服力，只是證據也有程度之分，綜合評估後，有些營養素可能還是不值得推薦，在每個人身上的效果也不盡相同。隨著時代的進步，有些過時的觀點可能會被推翻，利用不同的方法進行實驗，也可能會得到與先前完全相反的結果。

因此，大原則就是避免聽信過於極端的建議，重要的是每天三餐都應該攝取均衡的營養。

此外，即使是相同的營養素，從食物攝取跟透過營養補充品攝取，人體能吸收的量也會有所差異。基本上請盡量透過飲食來攝取營養，像鐵質或維生素等較容易缺乏的營養素，再透過營養補充品補充即可。

在挑選營養補充品時，必須多做嘗試，找出最適合自己的產品。例如EBIOS啤酒酵母等營養補充品，不但價格實惠，又富含多種營養素，具有整腸作用以及安定心神的效果。

人類透過睡眠進行全身的代謝及維修保養，在克服創傷的過程中，睡眠的重要性自然不在話下。即使目前已經處於睡眠不足的狀態，只要檢視營養的攝取或生活習慣，就改善的案例也不少。

有關影響睡眠品質的營養素，近年興起的「時間營養學」研究發現，只要在早上攝取含有色胺酸的蛋白質，並在白天多曬太陽，晚上褪黑激素的分泌就會增加（柴田重信《時間營養學入門（暫譯）》講談社BLUE BACKS）。

若有難以入眠的問題，可以在早餐攝取乳製品及豆製品，例如優格、納豆、香蕉等，便能迅速感受到效果。

除此之外，下列幾種方法也有助於改善睡眠品質：

- 午睡必須限制在二十分鐘以內，原則上下午三點之後就不午睡（若下午三點之後才午睡，晚上就會明顯睡不著）。
- 盡可能避免在下午攝取咖啡因。
- 晚上把燈光調暗，慢慢營造適合就寢的氛圍。
- 睡前一個小時不看手機或電視。

有些人可能因爲工作的關係，很難擁有充足的睡眠時間，這時請以睡眠爲第一優先，避免熬夜，保留自己所需的睡眠時間。

仔細想想，我們身邊妨礙睡眠的因素實在多得超乎想像，因此改善睡眠的第一步，就是排除這些阻礙，打造一個可以好好睡覺的環境。

有些受創者會因爲過度警覺的症狀而難以入眠或淺眠，此時可以透過快走、瑜伽等運動，或持續練習正念，將身體調整爲更容易入睡的狀態。

假如在嘗試過上述方法後仍無法改善睡眠狀況，就必須尋求醫師的協助，請醫師開立安眠藥或助眠藥，如此才能享受睡眠帶來的種種好處。

有氧運動（快走、瑜伽、其他運動）的效果

近年來，運動的功效可謂倍受矚目。目前已有大量研究結果證實，運動對於改善包括創傷在內的精神障礙有極爲傑出的效果。至於坊間的書籍，可以參考哈佛大學的約翰．瑞提博士（John J. Ratey）所著的《運動改造大大腦：活化憂鬱大腦、預防失智大腦，IQ和EQ大進步的關鍵》（野人出版）。

在這本書中，瑞提博士指出運動對於壓力、憂鬱症、恐慌、焦慮、ADHD、依賴症等病症的改善皆有幫助，例如焦慮症的症狀，就可以透過運動而大幅緩解。運動對人體全身上下都會帶來影響，除了大腦以外，也會影響肌肉、內分泌系統等。

有關運動的好處，目前已知運動可以促進大腦神經細胞再生，改善認知功能。使用老鼠進行的實驗也證實，運動後再生的神經細胞，比沒有運動時再生的神經細胞多三～四倍。

此外，運動還能提高突觸的可塑性及傳導效率，活化腦內神經傳達物質的循環。

透過運動，我們也能找回身體的感覺，復原自律神經系統、免疫系統以及內分泌系統等人體功能。

瑜伽和快走都是門檻比較低的運動。研究證明，瑜伽有助於改善過度警覺、情緒失調等創傷症狀，正念則有助於改善免疫反應、血壓、憂鬱症狀、慢性疼痛、情緒失調，杏仁核過度活化、身體自我知覺、皮質醇値等，對整體創傷症狀具有極佳效果。

快走等有氧運動的效果，早已在各種研究中受到證實並廣爲人知。有一個實驗找了156名憂鬱症患者，比較「運動」、「藥物」及「運動與藥物併用」三者的成效。實驗中的「運動」意指暖身運動十分鐘、騎自行車、快走或慢跑三十分鐘，再加上收操五分鐘，每週進行三次。

該實驗持續四個月，最後比較受試者的憂鬱症康復率。在實驗結束的時候，三組受試者的康復率幾乎相同，但在十個月後的追蹤調查裡，卻出現了極大的差異。服用藥物的受試者康復率爲五成多，但有將近四成的受試者復發，相對於此，進行運動的受試者康復率則高達九成，且復發率極低。

造成如此巨大差異的因素爲何？一般認爲，這是因爲抗精神病藥物基本上是對腦內神經傳達物質產生作用，而有氧運動則影響了包括大腦在內的全身上下，促進身體自然康復。當然，有氧運動對所有精神障礙疾病都有幫助，包括創傷在內。

倘若各位工作太忙，抽不出時間運動，推薦各位可以在通勤時提早一站下車，步行前往公司，盡量製造運動的機會。除了快走以外，上健身房、打網球等中度~強度的有氧運動，也是很好的選擇。持續的訣竅，就是找到一種自己能輕鬆愉快進行的運動。

「改善睡眠及營養」、「養成運動習慣」不是道德勸說或自我安慰

聽見「調整睡眠時間」、「攝取營養」、「養成運動習慣」等提醒，或許有些人會產生反感，認爲自己不需要那種道德勸說，或認爲那只是自我安慰罷了。

年輕時的我，在深受創傷折磨的當下，正是這麼想的。當時我只想接受專業的心理治療，希望有人告訴我立竿見影的解決方法。

多年來，我學習了許多臨床心理、精神醫學相關的學理知識，也親身體驗了各種心理治療、諮商、催眠、身體工作療法（Bodywork），同時我也大量閱讀，試圖從書中找出有效的方法。

以結論而言，我的感想是：睡眠、營養、運動，以及我接下來會詳述的習慣養成，比藥物治療或心理治療更爲重要，假如缺少這些基礎，心理治療也無法充分發揮效果。

我在接受創傷治療之後，症狀確實有所改善，然而我身心狀況最穩定的期間，卻是在我開始慢跑、快走、打網球，養成運動習慣的時候。當然，我並不是一開始運動就突然出現什麼戲劇性的變化，而是事後回想，才發現自己持續運動的那段時期身心狀況最穩定，改善也最顯著。

相反地，我也有一段時期只想倚賴諮商或心理治療，那段時期我每天加班到深夜，只能搭末班車回家，長期睡眠不足，而且喝很多酒，又沒有運動。

現在我作爲一名諮商師，爲個案提供創傷治療與支援，但我總是告訴個案：「與其隨隨便便接受諮商，倒不如多攝取一些睡眠和營養，養成運動習慣，對你的幫助更大唷！」

創傷研究的第一把交椅貝塞爾・范德寇（Bessel van der Kolk），也在他的著作中多次強調瑜伽等運動的效果。

確保充足的睡眠、營養，更重要的是養成運動習慣，對改善創傷等各種心理問題就是這麼有效，想克服創傷，請務必徹底執行。

○專欄　治療創傷的主要藥物療法

世界上並沒有治療心理創傷的特效藥，不過SSRI類藥物可以減緩症狀，在焦慮發作的時候也可以服用抗焦慮藥來應急。

能有效減輕重現症狀的藥物中，最知名的就是神田橋條治醫師透過臨床經驗發明的「神田橋藥方」。藥方內容爲四物湯與桂枝加芍藥湯，每天服用一～二次，每次兩包，症狀嚴重者可一天服用三次，在一～兩個月內，重現的症狀就會大幅減輕。上述藥方中的四物湯可換成小建中湯或桂枝加龍骨牡蠣湯，桂枝加芍藥湯可換成十全大補湯。在日本，除了請醫師開立處方外，在有藥劑師常駐的藥局也可以買到Kracie或津村（Tsumura）等藥廠生產的中藥。

在西藥方面，安立復（Abilify）與好潤平（ORAP）[13]的效果也相當不錯。杉山登志郎醫師曾提到，微量的安立復、理思必妥（Risperidal）、碳酸鋰（Lithium Carbonate）、柔速瑞（Rozerem）等，對減緩情緒起伏或攻擊性行爲有效。

參考：神田橋條治〈PTSD的治療（暫譯）〉《臨床精神醫學》36（4）2007（Ark Media）、杉山登志郎《發展性創傷障礙與複雜性PTSD的治療（暫譯）》（誠信書房）

13 譯註：此藥在臺灣已於二〇一三年下市。

③ 重建自我（主體、self）

減緩症狀不等於完全康復

肇因於創傷的諸多症狀當中，以重現和解離較爲顯著，因此許多人都會鎖定這些症狀展開治療。

然而光是減緩症狀，創傷也不會痊癒，症狀改善到某個程度就會遇到瓶頸。此時治療師通常會加倍努力，但就算有效果，也會出現「報酬遞減（Diminishing Returns）」的現象，無法突破瓶頸。

爲什麼變化會停滯呢？正如第3章及第4章所述，創傷的核心是「喪失自我」，尤其是發展性創傷，由於它發生在自我形成的過程中，因此幾乎一定會導致喪失自我。

創傷帶來的各種症狀，其實都是喪失自我的結果，甚至可說是因爲無法恢復內在、外在的秩序，才會出現該症狀。因此，假如沒有著手進行自我（主體、

self）的重建，症狀便無法獲得改善。

范德寇認爲「**復原的挑戰在於重建你對自己的所有權　（包括身體與心智）**」（《心靈的傷，身體會記住》），茱蒂絲．赫曼（Judith Herman）在《創傷與復原》一書中也提到：「**復原的指導原則在於恢復倖存者的力量和主控權**」、「**倖存者必須是全權的主導者和裁決者**」、「**許多人出於仁慈和善意想要協助倖存者，但之所以會失敗，乃在於未遵循賦權增能（Empower）的根本原則**」。

創傷的治療並不像修理機器一般單純，假如受創者一直處於喪失自我的狀態，症狀就不會消失。尤其是發展性創傷的受創者，更是擺脫不掉羞恥感與充滿自我否定的重現，令人厭惡的事件也會不斷迴盪在腦海中。

創傷的症狀並非獨立於環境之外，我接下來也會詳述，爲了整理、接受創傷記憶，「主體」是不可或缺的。換言之，必須由當事人作爲主體，來解釋並重建過去的記憶。

創傷復原過程中的自我重建，無須等症狀改善到某種程度才進行，而是應該從最初的階段就開始著手。抱著自我重建的心態接受心理治療，效果將明顯優於缺乏此心態者。

我曾負責一名個案，起初是針對症狀進行治療，之後個案便暫停了一陣子。當時我並沒有把重心放在自我重建上。

過了幾年，這位個案再度來找我，而這次我以自我重建爲前提，進行創傷治療，沒想到成效與上次相比簡直是天壤之別，令我大吃一驚。我至今仍記得，當時我深深體會：自我果然是人類的基礎。正如范德寇與赫曼所言，受創者必須以自己爲主體，進行重建（賦權增能）。

如果各位已經開始著手處理自己的煩惱，卻遇到瓶頸，難以持續改善，請務必檢視自己是否具有「自我（主體、self）重建」的意識。

留意「使用者登出」的念頭

造成創傷的加害者通常既自私又情緒化，受創者不願成爲像他們一樣的人，因此會把自我（ego）和感情擺在一旁，遠離世俗，追求自己心中理想的境地。

然而，一般人其實都是順著自我和感情行動的，因此受創者在社會上往往很難與他人相處。在本書裡，我指出人是一種群居動物，並多次用手機來做比喻。如果我們將致力於自我重建（賦權增能），慢慢適應社會的行為，稱為「使用者登入」，那麼壓抑自己、不斷追求理想的狀態，或許可以稱為「使用者登出」。

不過，為了逃離現實而意圖「使用者登出」，並無法眞正消除「活得好累」的感覺。更複雜的是，不少本意應為解決問題的諮商、心理治療或自我啓發，也會鼓勵「使用者登出」。如前所述，假如內心一直想要「使用者登出」，就算接受了治療，也會偏離原則，最後遇到瓶頸。

如果治療的成效不彰，請務必檢查自己是否有「使用者登出」的念頭。

察覺「偽責任」與「偽身分」

在自我重建的過程中，設法察覺「偽責任」與「偽身分」格外重要。

受創者很容易產生「都是我不好，不能怪別人，一切都必須靠自己解決」的想法。

他們一肩扛起責任，又盡心盡力，照理說應該會有好結果才對，然而實際上卻總是白費力氣。

爲什麼呢？這是因爲他們設定了錯誤的前提。例如他們先認定「自己是個沒用的人」，才在這個前提之下努力，或試圖代替有問題的家人扮演他們的角色。

這些都是受創者被迫背負的「僞責任」、「僞身分」。特別是發展性創傷或複雜性ＰＴＳＤ的加害者，更是會不著痕跡地洗腦受創者「這些不合理的事情，全都是你的責任」，導致許多受創者被這些「欲加之罪」給束縛。

此外，某些自我啓發課程或心理療法，經常提倡「自己必須爲一切負責」的觀點。當一個人能順從自由意志行動時，這樣的志氣將會成爲前進的助力，但在治療創傷的過程中，受創者若眞心認爲「自己必須爲一切負責」，便可能強化錯誤的前提，不論再怎麼努力，都只會離自我愈來愈遠。想要順利完成自我重建，就必須掌握正確的前提。

自我重建的第一步，就是察覺自己受到「僞責任」、「僞身分」的誤導，朝著錯誤的方向努力。我們必須卸下自己被迫扛在肩上的「僞責任」。

從找回「自我（主體、self）」開始

聽到找回「自我（主體、self）」，也許有人擔心這樣是否會過於獨善其身。「獨善其身」往往正是創傷加害者的人格特質，因此許多受創者會抗拒讓自己變得自我中心。

受創者經常抹煞自我，冀望自己成爲一個高潔無私的聖人。例如，他們喜歡閱讀以「原諒」或「愛」爲主題的書籍，並認爲自己非達到那種境界不可。然而這其實也是前面提到的「使用者登出」念頭，將使受創者離自我重建愈來愈遠。

世間萬物本來就不能用二分法看待，凡事都是層層堆疊，呈現共依共存的階層構造，就好比學習才藝或烹飪，必須先打穩基礎，再透過應用慢慢熟練。

如果在學習以自己優先、感受內在情緒的階段，就要求自己做到「原諒」，自己眞正的感情就會遭到壓抑（赫曼也將這種行爲稱爲「**寬恕的幻想**」，認爲它「**經常成為殘忍的酷刑**」（《創傷與復原》））。

尋回自我的首要之務，就是徹底做到「以自我爲中心」。請將「自己」視爲一切的前提，站在自己的立場，單純考慮自己想做什麼、想要什麼。

以此爲基礎，才能進一步堆疊爲他人著想、原諒他人或與他人妥協等想法。

相反地，若將一切都視爲非黑即白，拋棄了自我，一心只追求理想，便永遠無法建立自我。

以第一人稱的視角思考、感受

受創者常有揣測他人想法的傾向，乍看之下彷彿自己有在思考，但實際上他們的出發點往往是對方的心情、對方會怎麼想。

在受創者的思考或發言裡，主詞經常很模糊，有時甚至會以別人作爲主詞，這種現象就等於「自我」被別人佔據了。

想改變這種狀況並重建自我，自己可以做到的部分，就是在思考或發言的時候，隨時有意識地提醒自己要用「我」當主詞。例如走在路上的時候，可以練習在心裡說「我看見了～」、「我覺得～」、「我喜歡～」等等，即使每天只練習五分鐘也無妨。

如此一來，自己心中原本模糊的想法和情緒，便會逐漸變得明朗。這個練習也有助於區隔人我界線。

感情正是自我（主體、self）的源頭

要進行自我重建，就必須確實掌握自己內心的感受。受創者在這個階段經常遇到的瓶頸，就是對「情緒」的負面認知。

在遭受創傷的過程中，受創者可能長期被迫承受他人不合理的情緒，因此很容易把「情緒」視爲一種負面的東西。他們不想變得像傷害自己的人一樣情緒化，對於憤怒、嫉妒等負面情緒的排斥更是明顯，他們認爲自己必須盡量壓抑這些情緒。

此外，有些受創者總是擔心自己是否傷害了他人，有些受創者擔心展現出自己眞正的心情，可能會被討厭或被拋棄，有些受創者則是擔心一旦表露情緒，就會一發不可收拾，因此過度壓抑自己的情緒。

有些人因爲父母長期訕笑或打壓他們的情緒，總是批評他們「你怎麼這麼容易生氣」、「你的脾氣跟你爸簡直是一個模子刻出來的」，而這些影響一直持續到現在。對他們來說，同時踩油門和煞車似乎成了一件理所當然的事，導致他們無法安心且單純地展露情緒。

事實上，所謂的自我本來就包含這些負面情緒，特別是對不合理待遇的憤

怒、對自己沒有受到珍惜的憤怒，更是自尊心的來源。自尊心的形成，絕對不是基於壓抑情緒與若無其事的態度。

「爲什麼我得吃這些虧！」、「爲什麼我處處爲別人著想，卻沒有人在乎我的感受！」——擁有這些憤怒的情緒，才能慢慢建立起自我（主體、self）。

感受自己的情緒並表現出來

要復原情緒，首先必須努力去感受自己原原本本的所有情緒，包括負面情緒。請有意識地站在第一人稱（我~）的角度來感受自己的心情，倘若使用第二人稱（你~）或第三人稱（身爲一個人，應該~）的視角，便等於是用別人當作主詞，如此一來可能會在不知不覺中變得容易干涉他人，或是被捲入他人的情緒裡。

覺得討厭就表示討厭，生氣的時候就直說「我生氣了」。如果不敢告訴對方，可以先試著在心裡提醒自己，或是寫在筆記本上。好好感受自己的情緒，不要否定它，對於調節情緒也很有幫助。

他人的價值觀已半「人格（超自我）化」

一般認爲，人在塑造自我價值觀的過程中，會吸收、內化他人的想法（聲音）。我們每天使用的手機，必須從雲端（網路）資料庫下載資料才能運作，而人類也一樣，每個人都勢必受到環境極大的影響，就這層意義而言，旁人的想法就像是「雲端資料庫」。在身心健康的狀態下，人會以自我（主體、self）爲核心，並整合各種不同的價值觀（聲音）。

然而，受創者由於自我統合能力較弱，導致他們吸收的少數聲音在心中橫行無阻。受創者長期身處不合理的環境，因此往往會將負面的聲音內化，不少人的煩惱，都源於這些聲音已經半人格（超自我）化，在心中責備自己、攻擊自己。

「超我（Superego）」是精神分析用語，意指一種用來監督自我的存在。如果超我的狀態過於亢進，就會演變爲解離性身分障礙。

即使是身心健康的人，在生活中也會呈現出多種人格要素。腦科學家麥克·葛詹尼加（Michael S. Gazzaniga）在其著作《社交大腦（暫譯）》中將此稱爲「模組（module）」。

健康的人與受創者的差別，就是作爲核心的主人格（自己、自我）是否具有足以統合整體的力量，換言之，也就是自我是否一致、人格是否穩固。

爲了不讓負面的聲音（人格）繼續在內心搗亂，並找回內心的平靜，重建作爲核心的自我是絕對必要的。

認知到內心的聲音其實都是別人的想法（聲音）

首先，每個人都可以做到的，就是理解：內心那個否定自己的聲音，其實是別人的想法（聲音）。只要能如此看待那些聲音，就是改變的第一步。接著，可以嘗試我接下來詳述的各種療法或專業治療，慢慢找回自我，恢復內在的秩序。

終止髒話、惡言帶來的影響

過去較容易被忽略的問題，就是同居家人長期的言語暴力，也可能是導致創傷的原因。例如父母邊看電視邊咒罵電視上的人，或是在吃飯時不停說親戚、鄰居的壞話，而大多當事人無法開口阻止父母，因此只能默默地聽。

長期被迫聽家人的惡言惡語，將對當事人的精神造成莫大的傷害，導致他們喪失自信，再也無法信任別人。那些充斥在耳邊的髒話、惡言，宛如河川的污泥一般，慢慢沉澱在受創者的心中。

假如各位的家人現在仍然持續口出惡言，請明確地要求對方停止，或是與對方在物理上保持距離。

若無意間得知他人的祕密或黑暗面，必須有所自覺

許多受創者都會替別人保守祕密。別人的祕密就是他們的自卑感，而創傷正是被迫替別人（加害者）背負他們的自卑感。不知爲何，受創者經常捍衛那些有問題的親朋好友的價值觀，對外人或社會充滿戒心。明明受到惡劣的對待，卻不由自主地替親朋好友辯護，照顧他們，甚或成爲共犯。

擁有不爲人知的謊言或祕密，確實有益於自我的形成，然而被迫保守他人的祕密（＝家族祕密），卻會對當事人造成深深的傷害。上述持續聽見家人惡言惡語的狀況，概念也類似替家人保守祕密。加害者其實是把自己無力處理的垃圾丟給家人，藉此減少自己的自卑感。

對受創者而言，這種自卑感會產生連鎖效應。范德寇認爲「**對創傷三緘其口**

也會導致死亡，靈魂的死亡。沉默加深了創傷的哀戚、孤立」、「當你不斷隱藏祕密，壓抑相關訊息，基本上就是在跟自己作戰。埋藏你的核心感受會耗費龐大的能量，讓你難以振作起來追求有價值的目標，讓你感覺厭倦並且想封閉自己」（《心靈的傷，身體會記住》）。

在解決問題的過程中，認知自己其實是被迫保守著他人的祕密、他人的黑暗面，是相當重要的。擁有正確的認知後，請參考上述的建議，直接要求對方停止這麼做，或是與對方保持距離。雖然不是童話故事《國王的驢耳朵》，不過將長期聽見的惡言或保守的祕密寫在筆記本上，也會有幫助。若情況允許，與他人分享（攤在陽光下），也能促進自我重建。

察覺「區域性規則（偽規則）」的影響

受創者一旦被迫承擔他人的黑暗面與自卑感，便難以擺脫，其原因大多是受到「區域性規則（Local Rule，偽規則）」的影響。所謂的區域性規則（偽規則），意指用規範或道德包裝，看起來彷彿社會常規一般，但實際上完全出自他人自卑感的言行。

不同於公眾規則（Public Rule，常識），區域性規則是一種在封閉性（區域性）關係中誕生的僞規則，例如「這都是爲你好」、「因爲我們是一家人」等說法。對於身爲群居動物的人類而言，要抗拒規範或道德是很困難的，很多時候，抗拒的一方反而會被視爲不聽話、不道德，而遭到譴責。因此，儘管受創者下意識或直覺知道哪裡不對勁，但只要是「規則」，他們就會勉強自己接受。

然而，由於對方的自卑感與道德規範綁在一起，導致受創者接受之後，便很難擺脫。有些受創者甚至因爲懷有罪惡感或缺乏自信，而不由自主地覺得自己沒有擺脫的權利。

解決問題的第一步，就是認清區域性規則（僞規則）的存在。當直覺感到不對勁的時候，請試著分析該言行的脈絡，如此一來，便能發現自己始終認爲理所當然的事情，背後其實藏著他人的自卑感，而自己一直被蒙在鼓裡。

打造人為的「叛逆期」

爲了找回自己（的價値觀），有一些事情是可以靠自己做到的。

具體而言，首先，請逐一列出在日常生活（不論在職場或私人生活）中，你所想得到的一切規定和禁止事項，例如「應該○○」、「不應該○○」、「非得○○不可」，以及自己認定是常識或先入爲主的觀念，例如「所有的○○都是○○」、「一定是○○不會錯」。這些幾乎都是別人的價值觀。

接著，請試著將這些來自他人的價值觀全部予以否定，並且試著反駁，例如：「雖然大家都說應該○○，但也有例外狀況不是嗎？」、「不能這麼斷定吧？」

在工作方面，假如心裡有「每天都應該早起工作」、「別人休息的時候，就是自己必須努力的時候」等來自他人的價值觀，則可以反駁：「先好好睡一覺，充分休息之後再努力，比較好吧？」、「有的人是晨型人，有的人是夜貓子，按照適合自己的型態和步調來工作，才是最理想的狀況」。

在日常生活方面，假如心裡有「必須以對方優先，把自己擺第二」、「我很容易被人討厭」等想法，則可以反駁：「要先把自己擺在第一，才可能有餘裕以別人優先」、「自己眞的被討厭的例子有幾個？跟別人比起來算多嗎？」、「喜歡和討厭互爲表裡，不會被人討厭的人，往往也不會討人喜歡」。

針對這些想法逐一反駁後，再依照自己的意志，選擇最適合自己的想法與價值觀，如此便能慢慢過濾出「他人的價值觀」，同時擁有「自己的價值觀」。

家人的價值觀及想法，通常會深植於我們的心中，就算自己沒有感覺，事實上也一直受到強烈的影響。我們必須認清，人生中不論多麼微小的事情，都一定會受到他人的影響，並在這樣的認知下，列出所有的價值觀（包括自己認同的），試著加以否定。這就是以人爲方式製造「叛逆期」的過程。

或許有人會擔心，假如否定所有的價值觀，不就等於沒有想法了嗎？可是，爲了尋回自我（主體、self），把原本「直譯」的觀點重新「翻譯」成自己熟悉的用語，是絕對必要的步驟。

就算表面上看起來像是接受了同樣的價值觀，但「直譯」與「先反駁，再用自己的意志翻譯成自己熟悉的用語」，在精神上帶來的影響是截然不同的。

○專欄　認識精神虐待的結構

正如前述，精神虐待與壓力症候群皆爲創傷的特徵，在克服創傷時，我們必須深入了解精神虐待的結構。首先，我建議可以從閱讀相關書籍著手。

瑪麗法蘭絲・伊里戈揚的著作《冷暴力：揭開日常生活中精神虐待的眞相》，堪稱探討精神虐待的嚆矢，各位可以透過這本書了解精神虐待的概要。而更進一步詳細討論精神虐待結構的好書，則是安富步與本條精一郎合著的《精神虐待的連鎖效應（暫譯）》（光文社新書）。此外，安富教授所著的《活下去的技巧（暫譯）》（青燈社），記錄了他遭受前任配偶精神虐待的親身體驗，亦可作爲參考。

此外，若想了解與精神虐待息息相關的人類社會結構，可以參考小坂井敏晶的著作《社會心理學講義（暫譯）》（筑摩選書）。明白精神虐待的結構之後，便能找到消除「活得好累」感受的關鍵。

④ 處理記憶與經驗

奪回記憶與時間的主導權

在創傷帶來的影響中，最核心的部分就是「喪失自我」，因爲喪失自我而被剝奪的，就是記憶與時間。換言之，受創者會喪失自己對於記憶和時間的主導權，他們總是焦躁不安、無法冷靜地處理事物，都是因爲與時間相關的主導權不在自己手上的緣故。

受創者始終擔心自己會不會被責罵或批判，這種感覺通常被視爲焦躁或不安等「症狀」，然而分析其背後的原由，便可知那是因爲受創者活在別人的時間軸之中，沒有自己的時間軸。

在過去的創傷研究中，臨床上最重視的就是處理記憶，甚至說「創傷＝記憶障礙」也不爲過。的確，每一位受創者幾乎都苦於重現症狀，因此一直以來，治療師都將處理記憶視爲首要之務，並發展出EMDR（眼動減敏與歷程更新療法）。

然而在處理記憶時，最重要的其實並不是物理上的處理，而是如何取回受創者對時間和記憶的主導權，以及受創者本身的主體性。若缺少這部分，即使症狀大幅改善，受創者也會莫名地持續抱有罪惡感、沒自信，記憶本身也無法獲得完善的處理。

記憶並不單純是事件與資訊的集合，而是身體的體驗，更是一個人的世界觀，尤其是對於遭受發展性創傷、複雜性PTSD等長期承受不合理壓力的受創者而言，更是如此。假如只把記憶視爲單純的資訊來處理，勢必無法徹底解決問題，爲了翻轉深植心中的體驗與世界觀，受創者必須取回自己對記憶及世界的主導權。

身體經驗創傷療法的創始者彼得．列文（Peter A. Levine）在《創傷與記憶（暫譯）》一書中提到：「在治療過程中處理創傷記憶時，有一個影響成敗的重要關鍵。爲了能徹底處理創傷記憶並獲得理想的成效，在直接面對創傷記憶之前，必須確認個案已經確實「落地」[14]，身心平衡，且覺得自己充滿力量。」這段文字也證明了奪回主導權的重要性。

實踐「正念」

爲了奪回時間的主導權，受創者自己可以付出的努力之一，就是進行正念（冥想）。坊間已有許多介紹正念的書籍，這裡就不詳述，各位可以在睡前或假日進行，亦可在走路或用餐時進行。

養成隨時把注意力放在「當下」與「自己」的感受上，便能穩穩落地，逐漸找回屬於自己的時間軸。

記憶處理的對象不只是創傷事件本身，還包括創傷衍生的問題與整個人生

我在第3章也曾說明，記憶處理的對象可大分爲三項。

第一是創傷事件本身，當然，若是發展性創傷等慢性心理創傷，則可能沒有特定的事件。

14　作者註：指雙腳穩穩站在地面，身心處於穩定的狀態。

第二是創傷症狀衍生出的其他問題，例如因爲創傷而身心失調，進而導致人際關係經營不善、工作不順利、傷害他人或自暴自棄等。

第三是對自己整體人生的評價，包括與創傷無關的部分。許多受創者因爲失去自我與時間的主導權，而認爲自己的人生是一種恥辱或失敗。

過去處理創傷記憶時，大多著重於第一項，但在實際的臨床經驗上，第二項和第三項的比例其實相當高，可知找回時間的主導權未來將更受矚目。

從「無限」到「有限」，讓時間開始循環、前進

如第3章所述，在健全的世界觀裡，時間是有限的。人在活動到一個程度後，會感到疲累，想好好休息；在充分休息之後，才會重新展開活動，不斷循環。世上任何事情都不是「愈多愈好」，而是應該在適度的範圍內，將有限的資源回收利用，形成一個循環。

然而在受創者的觀念裡，時間和資源彷彿都是「無限」的。他們會無止盡地活動，不知疲勞爲何物，甚至不知道自己的極限（依賴症正是毫無節制地酗酒、暴食、花費金錢、依賴人際關係）。

他們在沒有獲得回饋的狀態下又重新開始活動，直到瀕臨極限，因此他們永遠覺得「活得好累」，感受不到事物的累積和變化。

所謂的處理記憶，並不是單純消除不愉快的記憶，而是將時間的概念從「無限」轉換爲「有限」、從沒有循環的直線轉換爲可以循環的力量。

養成習慣

若創傷症狀嚴重，固然需要求助於專家，不過也有許多目標是可以靠自己的力量達成的，其中之一就是**「養成習慣」**。請事先決定每天早上起床後要進行的活動，設定例行公事，並確實執行。

例行公事可以很簡單，例如拉開窗簾、澆花、換神壇的水，或是背幾個英文單字、看幾頁的書、做伸展操等皆可。

在工作方面，假如過去因爲焦慮而總是急就章，請重新調整工作的順序，提醒自己靜下心來把事情一件一件慢慢處理好。

只要冷靜地確實執行這些簡單的例行公事，就能逐漸穩定掌握屬於自己的時間感，透過習慣，找回日復一日不停循環的感覺。

養成習慣的訣竅，就是不要期待可以透過例行公事獲得什麼成果，將「養成習慣」本身當作目的，才是最重要的。

養成習慣的另一個目標，是建立「長期的時間軸」，也就是重新體會事物在緩慢前進的時間中逐漸累積的感覺。就像大型建築工程一般，每天看可能感覺不出什麼變化，但不知不覺中其實已有極大的轉變。

養成習慣後，便能確實感受到時間的主導權回到自己手中。我們或許可以說，養成習慣就是透過行動來執行的一種正念。

擺脫用別人的價值觀「塑造」出的事實，靠自己解釋

找回時間主導權的另一個關鍵，就是必須用自己的價值觀重新檢視過去的事件。受創者通常會被迫接受加害者的價值觀，而當受創者接受該價值觀（規則）之後，又會被迫參加一場不公平的遊戲，導致他們在遊戲中慘敗。上述狀況會不斷重複，而這種現象正是所謂的重現（Flashback）。

然而大多時候，就連受創者本人也不會察覺這件事。因爲他們凡事都很努

力，充滿行動力，因此壓根沒想到自己竟是依照他人的價值觀在行動。不過，只要仔細檢視，他們就會發現自己總是用父母或別人的價值觀來評價、判斷自己的一切行爲。對於過去的事件，他們也總是拋不開「丟臉」、「悲慘」、「失敗」等印象，爲此所苦。幾乎在所有情境下，他們都是以別人的價值觀爲基礎，展開行動。

要處理記憶，就得認清這些價值觀其實來自於他人，同時找回屬於自己的價值觀。

爬梳「個人史」

在構築屬於自己的價值觀時，建議各位可以將自己至今經歷過的一切整理成一部「個人史」。

請鉅細靡遺地寫下從孩提時期至今發生的事件與自己付出的努力，包括被視爲「失敗」的事情，也必須不帶評價地記錄下來。

自己覺得沒有價值或比不上別人的地方，往往是在他人價值觀影響下的扭曲感受。請仔細思考這些感受源自於哪些價值觀，他人的印象或是自己的印象，接著再依照自己的價值觀重新給予評價。

重要的是，在思考的過程中，必須質疑記憶中的事件是否為「捏造的事實」，因為世上沒有絕對的基準，只要移動門柱（評價基準），就能輕鬆左右一件事情的結果是成功或是失敗。

假如你深信某件事是「無法撼動的事實」，就更需要確認自己是否使用了錯誤的標準跟別人比較，或是否有人因為自卑而灌輸你「You are NOT OK」的想法。我們無須立即改變自己的觀點，而是讓具體的事實慢慢累積。請捫心自問：別人真的那麼優秀，自己真的那麼奇怪嗎？請極力為自己辯解，就像蒙受冤屈的人努力證明自己的清白一樣。

這種無論發生什麼事都相信自己、保護自己的態度，其實應該是父母必須對孩子展現的，也是形成依附關係的關鍵因素。

○專欄　處理記憶的方法

在創傷治療領域中，有幾種不同的記憶處理方法，其中最有名的當屬EMDR（眼動減敏與歷程更新療法）。EMDR是一種透過轉動眼球來處理創傷記憶的療法，必須由專門的治療師進行療程。

近年已有一些受創者可以自己安全執行的療法陸續問世，如杉山登志郎醫師發明的TS Protocol、心理諮商師大嶋信賴等人發明的FAP療法等，這些療法也都有專書出版，受創者可以輕鬆地展開自我治療。只要進行幾次療程，就會明顯較不易想起創傷記憶。

參考：杉山登志郎《TS Protocol教科書——兒童虐待與複雜性PTSD的簡易處理技法（暫譯）》（日本評論社）、大嶋信賴・米澤宏・泉園子《嗨，眞正的我——透過FAP療法放下過去，活在「當下」（暫譯）》（青春出版社）

⑤ 恢復與他人（社會）的連結

正如本章開頭所述，重建自我與重建人我關係互為表裡，缺一不可。

赫曼也認爲「**很多人以為，對人際關係的損害只是創傷的次要效應。其實，創傷事件的主要效應，不只作用在自我的心理結構，也包括連結個人與社群的依附與意義體系**」，並將自我定義爲「**由人我關係所形塑與維持的自我**」（《創傷與復原》）。

過去人們認爲重建人我關係應該在症狀皆已痊癒的最後階段進行，不過近年由於開放式對話（Open Dialogue）及「貝特魯之家（Bethel's House）」[15]等成效卓著，人們逐漸認爲只要滿足必要條件，亦可在初期階段著手重建人我關係。

話雖如此，重建人我關係的難度極高，也是事實。兩個無法互相理解的人該如何建立關係，對全體人類而言都是難題，儘管目前尚無完美的解方，但仍有許多線索可依循。

未來，我也會繼續與各位分享受創者自己也能做到的事情。

避免用錯誤印象或幻想來看待人際關係

提到重建人我關係，不少人腦中浮現的第一印象都是參加交流會、認識許多新朋友，或是修復自己與家人之間惡劣的關係，然而這些其實都不是必要的。

菅野仁在其著作《朋友這種幻想》（究竟）中指出，我們最容易對人際關係產生不切實際的幻想，例如「朋友很多、很擅長社交的人比較優秀，而沒什麼朋友的人，一定是人格有問題」。

據說曾有大學生因爲不想被人看見自己在午餐時間獨自一人，而躲在廁間裡用餐，這種行爲通常是受到某種與人際關係相關的幻想所影響。

我們不能嘲笑這種行爲，畢竟有太多人在成年以後，仍無法擺脫童年時期在人際關係方面的自卑感。

面對家人時也一樣，雖然處得不好，但我們總是覺得家人畢竟是家人，必須照顧對方，也必須想辦法和有問題的家人和解，這也是被某種「對家人的幻想」所束縛而產生的現象。

15　譯註：位於北海道的精神障礙者支援設施。

修復人我關係的第一步，就是對自己一直以來認爲是理所當然的「幻想」提出質疑。

將人我關係視為一種「功能」

有助於我們擺脫幻想的方法之一，就是將人我關係當作一種「功能」。以親子或夫妻關係爲例，並不是只要具有血緣關係或婚姻關係，就是稱職的父親、母親、丈夫或妻子，唯有善盡該身分在一般社會價值觀裡的責任，發揮功能，才有資格爲人父母或配偶。假如對方無法發揮完整的功能，就必須改善，倘若對方無法改善，我們就必須與對方保持距離。在某些狀況下，我們甚至必須與另一個能代替對方發揮功能的人建立關係。

根據研究，人類其實是到了近代，才開始重視具有血緣關係的父母及家人。正如俗諺「生的請一邊，養的恩情較大天」所言，由不具血緣關係的人取代父母或家人，並發揮其功能的例子，在社會上本來就很常見。

除了家人以外，朋友、夫妻、情侶等關係也一樣。許多人會被「因爲我們是朋友」、「因爲我們是夫妻」等表面上的倫理道德或立場綁架，而勉強自己接受不合理的對待。

然而，假如從「功能主義」的角度，思考「對方是否確實發揮了功能」，便比較容易掙脫該關係的束縛或控制。如第3章所述，受創者往往極度重視人情義理，同時抱有不必要的責任感。

健康的人我關係，應該建立在有限的「Give and Take」上。請試著在心裡問自己：「讓我這麼不愉快的關係，眞的發揮了應有的功能嗎？這樣不是很奇怪嗎？」、「我們之間眞的存在健康的『Give and Take』嗎？」

假如人我關係沒有發揮完整的功能，就必須與對方拉開距離，或是重新審視這段關係。如此一來，當事人才能明確區別人我界線，提升自尊心，建立良好的人我關係。

人我關係需要工作或雜務作為媒介

除了功能主義之外，我們也應該知道：人我關係需要工作或雜務作爲媒介。

人與人之間，本來就是透過工作或雜務進行互動的，尤其是在消費社會以前的時代，人們的住家就是工作場所，現代化的電器也尚未問世，因此許多今日由機器代勞的事情，當時都必須以人力進行，生活中的工作和雜務繁多，而這些事情就是人們交流的媒介。

透過工作，即使是沉默寡言或不擅言詞的人，也能順利與他人溝通。除了言語之外，他們也會善用非語言溝通。

現代的生活非常方便，我們幾乎一整天不用開口說話，也能過日子。然而相對地，我們也可以發現，假如不刻意塑造出一個身分，我們就根本沒有機會接觸別人，而且這一切並無法靠社群軟體來填補。

現代社會可謂一種在結構上缺乏溝通契機的社會，經營人際關係對每一個現代人來說都有其難度。然而在此同時，人們又以爲擁有像電視上的專業搞笑藝人一般恰到好處的關係，是理所當然的——這也是一種不切實際的幻想。在復原人我關係的過程中，我們也必須認知：若缺少了工作與雜務等媒介，人與人處得不好，其實才是常態。

應該緊緊「封閉」自己，而不是「敞開」自己

專精社會學的關西學院大學副教授貴戶理惠指出，感到「活得好累」的人，

大多跟我們想像的形象恰恰相反，他們之所以無法與社會產生連結，並不是因爲無法融入社會，而是因爲「過度社會化」。換言之，他們正是因爲太在乎別人的看法或社會規範，才會無所適從（貴戶理惠在《先別急著煩惱自己「缺乏溝通能力」（暫譯）》（岩波書店）一書中，將此狀況描述爲「因爲太過社會化而遠離社會」的悖論）。

受創者的狀態正是如此，由於他們對人太過「敞開」，導致人我界線模糊，失去自我，被人牽著鼻子走，甚至被人操控。他們並沒有眞正與他人或社會產生連結，而是宛如進入了一個由精神虐待的加害者創造的虛幻世界、連上了一個僞區域網路一般，導致他們對他人感到恐懼，開始逃避人際關係，最後不得不繭居在家。

受創者往往還不懂得如何好好將自己「封閉」起來，就試圖「敞開」自我，因此不斷遭受挫折。這種心理狀態就好比家裡的大門或窗戶壞掉了，如果不能替自己的家上鎖，當然就無法安心出門。

事實上，愈是擅長社交的人，內心就愈封閉。聽說某位醫師曾經詢問一名思覺失調的病人：「這間醫院裡心靈最封閉的人是誰？」病人的答案竟是一位非常擅長社交的護理師。我也遇過個性外向活潑，但內心深處完全封閉，讓人摸不透他眞正想法的人。健全的人格形成與依附形成，可以說就是「緊緊地封閉自己」，因爲這代表一個人重視自己，且在內心有一個安全基地。人類必須以此爲基礎，才有可能建立良好的人際關係。

想要重建自我、修復人際關係，首先必須有意識地「封閉」自己的心。

世上沒有完全的滿足或理解

復原人際關係的阻礙之一，就是希望「對方能百分之百理解自己」的想法。當一個人爲了獲得完全的滿足而要求別人，往往會落得失望的下場，並對那個無法滿足自己的人充滿怨氣。這樣的行爲，就像是在努力彌補過去無法從父母身上獲得的滿足。

依附研究的專家艾德華．楚尼克（Edward Tronick）表示，即使是相處融洽的母子，彼此的同步性（Mother-child Synchrony）也只有三成左右，換言之，也就是有七成的狀況彼此是非同步的。受創者與非受創者的差異，也許就是受創者總是把眼光放在七成的非同步上，而非受創者則會把眼光放在三成的同步上。以結論來說，無論與對方感情多好，每個人都不可能從單一對象身上獲得大部分的滿足，世上也沒有百分之百的理解。認清這一點，對於復原人際關係也有幫助。

人類是「多音」的動物

前面提到的「開放式對話」，是近年倍受注目的團體心理治療法。這種療法首見於芬蘭的開羅普達斯醫院（Keropudas Hospital），由於成效超乎想像，就連過去被視爲難題的思覺失調症，也在短期內出現明顯改善，於是人們開始將它應用在其他領域，並進行各種研究來確認其效果。儘管我們不一定眞的需要採用開放式對話，但仍可將其概念應用在克服創傷上。

開放式對話成效良好的原因之一，是因爲它將人類視爲一種「多音（polyphony）」的動物。「多音」的觀點，是早年由哲學家巴赫汀（Mikhail Mikhailovich Bakhtin）所提出。

人類是以他人爲媒介來學習語言的。所謂的身心健康狀態，就是自己內化的語言具有多樣性，而這就是「多音」的概念。

相對地，如果一個人心裡的聲音缺乏多樣性，總是被特定的聲音（大多爲父母的聲音）主導，便是一般稱爲精神障礙、精神疾病的狀態。這種狀況就是所謂的「單音（monophony）」。

換言之，所謂的精神障礙，就是原本應該藉由「多音」建立的自我並沒有發揮其功能，無法找回內心聲音的多樣性，導致當事人一直處於「單音」狀態。

由此可知，人類最自然的狀態應爲「多音」，亦即對人類而言，眞正重要的並非少數且緊密的關係，而是大量且淡薄的關係。藉由與許多人建立點頭之交般的關係，可以恢復聲音的多樣性，而在這段過程中，最重要的就是必須慢慢將家人或父母的聲音與其他聲音做出區隔。

多與人「淺交」

承上所述，在現代社會中想要復原人我關係，確實是需要花一些工夫（策略）的。

我們不可能打定主意要復原人際關係，就能透過參加聚會結交知心好友，在現代社會中，如果沒有適切的身分或工作作爲媒介，是很難與人來往的。此外，我們也不可能從單一對象身上獲得自己想要的一切。

因此我們第一步該做的，就是發展出各種輕鬆平淡的關係。例如在超市的結帳櫃檯，當店員詢問：「請問需要購物袋嗎？」時，回答：「我要一個五圓的購物袋。」或是在公園散步時，遇到帶著愛犬散步的大叔主動說：「這隻狗很愛叫，眞不好意思。」都算是一種淡薄的關係。俗話說「十年修得同船渡」，我們可以借助緣分的力量，開始建立關係。

過去當我墜入煩惱深淵時，也曾被這種淺淺的關係拯救。在我難過不已、幾乎被逼到絕境的時刻，幫助我緩解負面情緒的，正是那些萍水相逢的人們與我的日常互動。幫助受創者復原人我關係的契機，就藏在這些僅是「同船渡」的關係之中。

作家伊集院靜先生的自傳小說《瞌睡老師（暫譯）》（集英社文庫）及《灣岸飯店（暫譯）》（小學館文庫）等作品，都是描述主角在與不期而遇的陌生人互動的過程中，心中的煩惱與傷痛慢慢消失的故事。各位或許可以藉由這些文學作品，體驗獲得療癒的感受。

在人群中恣意漫步

前面提到運動有助於恢復身體健康，而有一種運動甚至能順帶復原人際關係，那就是——在人群中散步。

例如，各位可以在住家附近的商店街散步，如果附近有購物中心，也可以走進去逛逛。假如不想遇到鄰居，也可以開車或搭電車到遠一點的地方，在購物中心裡隨意走走。

人類大腦中有一個部位可以自動反映出他人的動作，稱爲鏡像神經元。相關研究指出，人類光是與他人身處同一個空間，彼此之間就會進行溝通。前述哈佛大學的瑞提博士也表示，只要有其他人在身旁，我們的血清素數值就會上升，因此他建議運動時可以呼朋引伴。

老鼠實驗的結果也證實，和同伴一起運動的老鼠，神經細胞的再生狀況較爲顯著。在人類的意識層面裡，自己與他人的關係往往令人感到緊張不安，但在生理與潛意識層面，與他人的關係可說是安心與復原的起點。

廣泛接觸和自己沒有直接利害關係的人，也能在無形中一點一滴幫助我們復原人際關係、重建自我。

成為別人的「安全基地」

在改善依附障礙方面，一般認爲，成爲別人的「安全基地」，有助於克服自己的焦慮型依附，同時復原人際關係。所謂的「安全基地」，就是讓人感到安心、安全的關係。

請花一些心思，讓自己成爲關係較穩定的對象，例如孩子或配偶等家人的「安全基地」。

成功的訣竅，就是不要做得太過頭，也無須力求完美，更不必期待獲得什麼成果。倘若因爲受到創傷的影響而莫名感到自卑或焦躁，或是對情緒不穩的自己感到厭惡，則可以適度地與對方拉開距離。請暫時把「想爲對方多做些什麼」的念頭擱在一旁，只要把該做的事情做完，接著單純陪伴家人即可。

我們也經常可以在電影裡看見：一個心靈受創的大人，藉由與年輕人分享自己的經驗，在互動中找回原本的自己。這些電影裡所描繪的，正是主角透過助人來復原自我的過程。

若各位有機會指導、照顧孩子或後進，便能透過與對方的互動來復原人際關係。利用假日參加公益活動、當志工，或許也是個不錯的選擇。

取得社會上的地位和身分

經由上述步驟打穩基礎後，接下來要努力的目標，就是取得自己的身分和歸屬。想找到自己的歸屬，絕非易事，但這絕對是在復原創傷的過程中不可或缺的一環。不過，大多數的歸屬感都可以藉由工作得到。

對受創者而言，職場可說是一個充滿矛盾與內心衝突的地方，因爲職場中既可能存在讓自己復原的機會，但同時也有遭受精神虐待的風險。既然如此，難道受創者就應該一直躲在家裡，直到創傷復原嗎？答案當然是否定的。正如前述，家也不一定是能讓人感到安心、安全的地方，對於沒有工作的人來說，更是如此。

人類是群居動物，缺乏在社會上的地位和身分所造成的傷害，遠遠超乎我們的想像。做好心理準備，冒著各種風險去獲得某種身分、在社會上立足，是極爲重要的。

假如目前的身心狀態沒辦法工作，請先調整身體狀況，努力養成習慣，以能夠健康地生活爲首要目標，接著再借助就業服務處或「Rework」[16]的協助，獲得工作機會。

假如目前的職場有遭受精神虐待的風險，請考慮轉職。職場應該是一個能保護自己、讓我們能盡情做自己的堡壘才對。

「病應揭於市」

德島縣的海部町（現爲海陽町）是以「全日本自殺率最低」而聞名的地區。和歌山縣立醫科大學的岡檀教授曾赴當地進行研究調查，分析出海部町特有的「自殺預防因子」（岡檀《人人活得愉快的城市　低自殺率的原因（暫譯）》講談社等）。

該研究歸納出五個當地低自殺率的原因，分別爲「接納與自己不同的觀點，重視多樣性」、「評斷一個人時，以不同角度長期觀察」、「培養自我效能與自信心」、「遇到問題會及早公開，讓旁人及早介入」、「維持不會過於緊密的淡薄人際關係」。上述各項都相當令人認同，也呼應了本書前述的「人類是多聲動物」、「點頭之交般的關係很重要」等觀點。也就是說，我們可以透過海部町的

16　譯註：日本協助因身心疾病而離職的人重返職場的計畫。

例子，獲得許多有助於復原人際關係的提示。

全日本自殺率最低的海部町自古流傳一句諺語：「病應揭於市」，而這句諺語所描述的，正是上述的第四個要素（「遇到問題會及早公開，讓旁人及早介入」）。據說在海部町，如果有人生病或遇到困難，就會立即告訴身邊的人，而旁人得知後，則會積極提供有益的資訊，例如「我知道一種藥很有效」、「聽說某間醫院很不錯」等等，如此一來問題便能獲得解決。

這種做法最大的意義，在於將問題「外在化」。在臨床心理學中，所謂的外在化，意指在解決煩惱的時候，將自己抽離，讓問題客體化、相對化的現象。

將被個人化的煩惱歸還於社會

一個人在精神方面的煩惱，大多源自人際關係及環境，尤其是「活得好累」的感覺，更是整個社會造成的問題。然而，倘若這些問題被加諸於個人身上，將會演變成極爲嚴重的問題。

以日本爲例，本書的主題「心理創傷」，是在阪神大地震之後，才廣爲日本社會所認知。

當時日本的泡沫經濟剛瓦解不久，經濟成長已不如以往，再加上正值冷戰結束，社會上沒有主流思想，地方社群也逐漸沒落。創傷之所以受到社會的正視，或許是因爲社會喪失了包容與處理創傷的力量。

其後，宛如反映出上述狀況一般，「活得好累」這種描述，也在一九九八年左右開始成爲流行語。貧困、不公平、壓榨等過去屬於整個社會的問題，漸漸被視爲個人的問題，成爲一個個「診斷名稱」。

在解決煩惱時，我們必須認清，那些煩惱之所以成爲煩惱，其實是受到他人的自卑感，以及社會性問題逐漸個人化的影響。當人類的身心無法發揮正常功能，就會連旁人或整個社會的問題都攬下來，自己吸收，最後被壓得動彈不得。

「病應揭於市」這句話，代表著將長期被加諸於個人的種種歸還至原處，也就是把別人的東西還給別人，把來自社會的東西還給社會。如此一來，我們就能卸下肩上的「僞責任」，減輕負擔，明確地區隔人我界線。

范德寇也指出：**「如果你受過傷，就需要承認和說出自己發生的事」**、**「了解你的恐懼並跟別人分享，就能重新建立自己屬於人類一分子的感覺」**（《心靈的傷，身體會記住》）。

將煩惱客觀化，並與人分享

舉例來說，最簡單的方法，就是找個值得信賴的朋友吐吐苦水。不少受創者認爲吐苦水是一件不好的事情，所以總是難以啓齒，或是選擇藏在心裡。事實上，吐苦水不但可以抒發煩惱，更是建立人際關係的契機，因此當心中有所不滿時，我們應該輕鬆自在地對人傾吐才是。

具體而言，我們可以採用一種名爲「當事人研究」的方法。「當事人研究」意指由「當事人」站在「研究」的角度，針對自己的煩惱和困擾，分析其結構及模式。

首先，請寫下讓自己覺得「活得好累」的事項，並繪製出各項目之間的關係圖。接著，請分析是哪些人讓你產生這些「活得好累」的感受？他們如何影響你？如果你有身心不適的症狀，那些症狀會在什麼狀況下發作？

這時我們必須考慮到大環境的影響，可以參考社會學領域的書籍，思考現代社會的家庭有什麼改變？就業市場的狀況如何？經濟狀況又是如何？

最後，如果你有可以放心傾訴的對象，就請與對方分享你的煩惱。現在也有許多線上自助團體，在這種沒有利害關係的環境裡吐露煩惱，也是個好選擇。

坊間有不少介紹「當事人研究」的書籍，請自行挑選喜歡的來參考。只要能體會「將煩惱分散於社會，並站在客觀的立場看待它」以及「將煩惱說出來」皆是健康的價值觀，就能漸漸感受自己與他人（社會）之間的連結，掙脫創傷的束縛。

結語

世上幾乎沒有另一種概念如同心理創傷一般，明明每個人都聽過，卻對它不甚了解；明明就在你我身邊，卻又覺得它很遙遠。

在我實際的臨床經驗上，也很少有個案是先讀過創傷相關書籍才來諮商，大多是想了解特定症狀或延伸概念，最近則是對依附障礙感興趣的人較多。

我之所以提筆撰寫本書，就是希望能扮演橋樑的角色，讓各位進一步認識這個「似近非近，似遠非遠」的心理創傷概念。

過去在討論創傷的原因時，人們總是聚焦於突發的重大事件，導致深受日常性創傷所苦的個案無法獲得充分的知識與妥善的治療。

日常性創傷所帶來的「活得好累」的感受，也是不容小覷的問題。本書以此爲出發點，列舉出生活中常見的煩惱以及令人覺得「活得好累」的狀況，同時盡量以淺顯易懂的文字進行說明，幫助讀者理解創傷的概念。只要明白什麼是潛藏於日常生活中的創傷，便更能掌握包括突發重大事件在內的完整創傷概念。

本書雖以「發展性創傷」爲題，但內容也包括成年人因爲遭受壓力而產生的創傷，各位當然可以將這本書視爲介紹創傷全貌的書籍。

我希望創傷能成爲一種理所當然的知識，而非一時流行的概念或單純的診斷名稱。正如第4章提到的，創傷可以被歸類爲壓力症候群，而不是罕見的特殊症狀。每個人在一生中都會遇到壓力，而這些壓力長期累積，便可能失去平衡。

此外，我們也必須讓更多人認識創傷的另一個特徵——精神虐待。精神虐待的背後，藏著人類「藉由與他人的關係來維持自我」的行爲與溝通模式。每個人都可能爲了暫時消除自卑感，而產生想要控制他人的念頭，但只要了解精神虐待的背景，就能培養健全的價值觀，在尊重彼此差異和多樣性的前提下建立人際關係。

透過上述創傷及其他精神相關問題的臨床研究，我們獲得了許多知識，這些知識不但對全體人類都有幫助，更可能改變未來的臨床心理學、心理治療與心理教育。

許多令人感到「活得好累」的煩惱，其實都源自於社會，只是現代社會往往過度將這些感受個人化。只要釐清人們背負這些煩惱的內在機制，就可以獲得力量，將「活得好累」的感覺加以拆解，並歸還於社會。

從事諮商工作以來，除了創傷之外，我對人際關係與社會的運作方式，以及讓生活變得更快樂的條件，都有許多體悟，希望未來能有機會再透過文字，與各位分享這次沒能寫進本書的遺珠及其他新發現。

尤其是本書提及的失能家庭問題、人類自我（主體）形成的機制，以及一個人在形成自我時，該如何自然地與他人建立關係等等，想必都會成爲未來臨床心理學的重要研究主題。

本書可謂我在臨床上接觸的多位個案的集體智慧。在撰寫本書的過程中，我從個案的言談間獲得了各種可能對讀者有幫助的觀點，而第1章的檢核表，也是在個案的協助下完成確認及驗證的，在此致上深深的謝意。

我也要感謝Discover 21股份有限公司的藤田浩芳先生，謝謝您給我出版本書的機會，並且在從企劃到撰稿的一路上，提供我許多具體建議。能與藤田先生相識，我深感幸運。

倘若本書出版的初衷有幸達成，那麼一切都要歸功於鼎力相助的各位。最後，我也要感謝一直支持我的家人。謝謝大家。

二〇二三年二月
三木　一太郎

複雜性 PTSD 診斷標準

複雜性PTSD診斷標準（國際疾病分類標準第11版　ICD-11）

診斷要件

○曾經遭遇極具威脅性或極為恐怖，且覺得難以逃脫或無法逃脫的長期性或反覆性（不論單次或多次發生）事件。該事件包括但不限於刑求、集中營、奴役、屠殺及其他形式的集體暴力、持續性的家庭暴力、反覆性的兒童性虐待或肢體虐待。

○符合下列三個創傷後壓力症候群的核心症狀。這些症狀會出現在創傷事件當下或事後（通常在一個月以內，絕大部分在數個月以內），且至少持續數週。

1. 創傷事件重現。重現並非只是單純想起創傷事件，而是重新經歷創傷，彷彿創傷事件再次發生。典型的表徵包括：出現侵入式的鮮明印象或記憶；重現的嚴重程度不一，從輕度（短暫地覺得創傷事件再度發生）到重度（完全失去對現場周圍環境的覺察）皆有可能；常出現與創傷事件相關的夢境或惡夢。重現通常伴隨恐懼、戰慄等強烈情緒與生理感受。
2. 極力逃避可能使創傷事件重現的事物。內在方面會逃避與創傷相關的思緒或回憶，外在方面會逃避可能勾起創傷回憶的人、對話、活動或場合。極端者甚至會爲了逃避可能勾起創傷回憶的因素而改變環境（例如：搬家、換工作）。
3. 持續處於警戒狀態，彷彿巨大的威脅依然存在，例如過度警覺、對於非預期的聲音等刺激產生驚嚇反應等。過度警覺的人隨時都在提防危險，無論在特定或一般情況下，都會感到自己或親近的人正面臨危險。爲了確保自身安全，可能出現新的行爲模式（例如：不背對門坐、反覆確認車輛的後視鏡）。不同於創傷後壓力症候群，複雜性創傷後壓力症候群患者的驚嚇反應有時會減弱，而非過度。

○在情緒控制上出現廣泛且嚴重的問題。對輕微的壓力源出現巨大情緒反應、（情緒及行動上的）劇烈爆發、魯莽或自我毀滅式的行爲、壓力下的解離症狀、情緒麻木，尤其是無法感受快樂或正向的情緒。

○持續相信自己一無是處、失敗或毫無價值。通常伴隨與壓力源相關之深刻且廣泛的羞恥感、罪惡感或挫折感，例如因爲無力逃脫或屈服於不利的環境，或無法阻止別人遭受痛苦，而抱有罪惡感。

○難以長期維持人際關係或與人親近。總是逃避或鄙視人際關係或社交場合，或顯得漠不關心。偶爾可能擁有非常親密的人際關係，但難以長久維持。

○此障礙會對個人、家庭、社會、學校、職場及其他具有重要功能的領域造成明顯的損害，必須付出遠高於平常的努力，才能維持上述功能。

（出處：杉山登志郎《發展性創傷障礙與複雜性PTSD的治療（暫譯）》（誠信書房）P.34-35）

VU00252

別再因創傷而活得好累：
修復發展性創傷，從「把自己擺在第一位」開始
発達性トラウマ「生きづらさ」の正体

作　　者－三木 一太朗（みき いちたろう）
譯　　者－周若珍
主　　編－林潔欣
企劃主任－王綾翊
美術設計－比比司設計工作室
內頁排版－游淑萍

總 編 輯－梁芳春
董 事 長－趙政岷
出 版 者－時報文化出版企業股份有限公司
108019 臺北市和平西路 3 段 240 號 3 樓
發行專線－（02）2306-6842
讀者服務專線－0800-231-705・（02）2304-7103
讀者服務傳眞－（02）2306-6842
郵撥－19344724　時報文化出版公司
信箱－10899 臺北華江橋郵局第 99 信箱
時報悅讀網－http://www.readingtimes.com.tw
法律顧問－理律法律事務所　陳長文律師、李念祖律師
印　　刷－勁達印刷股份有限公司
一版一刷－2024 年 4 月 19 日
定　　價－新臺幣 400 元
（缺頁或破損的書，請寄回更換）

時報文化出版公司成立於一九七五年，
並於一九九九年股票上櫃公開發行，於二〇〇八年脫離中時集團非屬旺中，
以「尊重智慧與創意的文化事業」爲信念。

別再因創傷而活得好累：修復發展性創傷，從「把自己擺在第一位」開始 / 三木一太朗著；周若珍譯. -- 一版. -- 臺北市：時報文化出版企業股份有限公司, 2024.04
256面；14.8*21公分. -
譯自：発達性トラウマ：「生きづらさ」の正体
ISBN　978-626-396-065-7（平裝）
1.CST: 創傷 2.CST: 創傷後障礙症 3.CST: 心理治療
178.8　　113003491

ISBN　9786263960657
Printed in Taiwan